GEDOE KOMT ER TOCH

Jacqueline Jansen en Joop Swieringa delen het concept van *lerend veranderen.* Dat vormt de basis van hun advieswerk. Hoewel ze beiden zelfstandig zijn, werken ze al 10 jaar zeer nauw samen. Voor hen geldt dat een organisatieverandering pas dan echt geslaagd is als het werken daarna ook plezieriger is geworden. Naast advieswerk ontwikkelen ze op maat programma's voor managers en organisatie-adviseurs die te maken hebben met hun passie: lerend veranderen. Sinds 1999 hebben ze een eigen bezinningsprogramma voor senior-managers, 'Balans opmaken'. Het is bedoeld om managers voorbij de veertig een inspirerende impuls te geven op hun weg naar meesterschap in ondernemen en leidinggeven.

www.jansen-swieringa.nl of
www.swieringa-jansen.nl

Voor wetenswaardigheden over dit boek zie
www.gedoekomtertoch.nl

Gedoe komt er toch
Zin en onzin over organisatieverandering

JOOP SWIERINGA

JACQUELINE JANSEN

GEÏLLUSTREERD

MET SIGMUND-STRIPS VAN

PETER DE WIT

SCRIPTUM MANAGEMENT

Eerste druk, mei 2005
Tweede druk, november 2005
Derde druk, februari 2006
Vierde druk, juli 2006
Vijfde druk, februari 2007
Zesde druk, augustus 2007
Zevende druk, maart 2008
Achtste druk, november 2008
Negende druk, januari 2010

ISBN 978 90 5594 398 2 / NUR 801 – Management

www.scriptum.nl
info@scriptum.nl

Inhoudsopgave

Wees blij met gedoe

gedoe (het) • heibel, gedonder, ruzie, stront aan de knikker, weerstand, onwil, ziek melden, herrie, ongezellig, unfair, oncollegiaal gedrag, roddel, afhaken, crisis, verwijten, conflicten, verwarring, besluiteloosheid.

Dit is een boekje voor managers en directeuren die piekeren over de vraag hoe ze hun organisatie écht kunnen veranderen. Voor die managers en directeuren, en hun adviseurs, die merken dat de gangbare aanpak niet werkt en dat de wijsheden uit managementboeken niet helpen. Althans niet als ze met hun bedrijf toe willen naar een heel ander soort organisatie: flexibel, innovatief, lerend, vraaggestuurd, klantgericht, volwassen, verantwoordelijk. Kortom, als ze af willen van de meer klassieke, bureaucratische manier van organiseren.

Wij stellen tien klassieke wijsheden over organisatieverandering aan de kaak. Wijsheden waar op het eerste gezicht niets tegen is in te brengen: natuurlijk moet je draagvlak hebben, uiteraard is het belangrijk dat de top erachter staat. En er is niets tegen een helder doel. Maar gek genoeg is dat juist wat er 'mis' is met deze wijsheden: als ze zo vanzelfsprekend zijn, waarom is het dan zo nodig om ze steeds weer te noemen? Wat is hun functie in het veranderingsproces?

Wij hebben als organisatieadviseur geleerd om juist als dit soort wijsheden aan de orde zijn, heel goed op te letten op wat men eigenlijk wil zeggen. Vaak wordt namelijk niet gezegd wat er gezegd wordt en blijken raadgevingen hieromtrent te fungeren als een vlucht om niet echt te hoeven veranderen. Of zijn het bewuste of onbewuste trucjes om de echte verandering te vermijden, te vertragen of zelfs te blokkeren.

Wij laten zien dat al die open deuren over organisatieveranderingen rechtstreeks voortkomen uit het klassieke gedachtegoed over organiseren en managen. Dit gedachtegoed heeft gestalte gekregen in wat in de organisatiekunde een bureaucratie wordt genoemd. Het zijn opvattingen die de bureaucratie juist veroorzaken of versterken. En dus zijn het *mis*vattingen als je toe wilt naar een niet-klassieke, niet-bureaucratische organisatie.

Een van de belangrijkste wetten van organisatieverandering zegt, dat de uitkomst van een organisatieverandering wordt bepaald door de manier waarop die verandering wordt aangepakt. Dit boekje gaat over de klassieke wijsheden over het aanpakken van veranderingen, die er volgens ons de oorzaak van zijn dat die veranderingen, ongeacht de bedoelingen, toch weer gewoon op een bureaucratie uitdraaien.

Ons boekje heeft als titel: *Gedoe komt er toch*. Want het adagium GEEN GEDOE is de rode draad die al die onzinnige wijsheden bij elkaar houdt. 'Geen gedoe' is precies de kernwaarde van de klassieke organisatie die we in dit boekje aan de kaak stellen. Onze boodschap is: probeer 'gedoe' niet te vermijden maar zorg juist dat het op tafel komt. Want 'gedoe' geeft energie, lucht op en is de bron van samenwerken, leren en vernieuwen. Dus: wees blij met gedoe!

JOOP SWIERINGA
JACQUELINE JANSEN

Utrecht/Linschoten, mei 2005

1. *Het goede van gedoe*

Organisatieveranderingen geven gedoe. Altijd. Het kan veel of weinig zijn, boven- of ondergronds, heet of koud. Het kan zich uiten in mopperen en zeuren, te laat komen of het werk laten versloffen. Mensen gaan roddelen of gaan al dan niet lijdzaam in verzet tegen de leiding, en worden onrustig of bang. Er kunnen (machts)spelletjes worden gespeeld, met elkaar, tegen elkaar of tegen een gecreëerde gemeenschappelijke vijand. Gedoe is onvermijdelijk, het hoort bij de onrust en onzekerheid die een organisatieverandering met zich meebrengt.

Geen verandering zonder gedoe

Of het nu gaat om een fusie tussen bedrijven, het splitsen van een afdeling, decentralisatie van bevoegdheden, het invoeren van een nieuw concept van klantbenadering of het verwijderen van een managementlaag: het geeft onrust en onzekerheid: wat wordt mijn nieuwe taak en kan ik dat, welke positie krijg ik straks en wil ik dat, hoe veranderen de wederzijdse afhankelijkheden en vooral de onderlinge hoog–laag-verhoudingen. Het is niet zo goed voorspelbaar hoe mensen met deze onrust zullen omgaan. De kans bestaat dat slapende emoties weer wakker worden, onbetaalde rekeningen worden vereffend, oud wantrouwen wordt opgepoetst, voorbij gewaande kansen alsnog worden geroken. De organisatie kan een chaos worden, waarin individuele en collectieve belangen met elkaar dreigen te botsen en iedereen gaat afwegen of en hoever hij wel of niet zijn collega, ondergeschikte of baas wenst te vertrouwen. Joep Schrijvers, de auteur van het boek *Hoe word ik een rat*, noemt niet voor niets organisatieverandering bij uitstek het werkterrein van de ratten.

Vrijwel alle mensen hebben een ambivalente houding tegenover 'gedoe'. Dat geldt zeker voor managers. Ze hebben er een grondige hekel aan, maar hebben er tegelijkertijd ook vaak genoeg gebruik van gemaakt. Gedoe biedt ook kansen. Maar vanuit hun positie zien managers juist ook het emotionele, irrationele en disfunctionele ervan. Gedoe leidt af van de dagelijkse gang van zaken, leidt tot verlies aan productiviteit, discussies en spelletjes. Het biedt kansen om (nog) hogerop te komen, maar kan ook de bananenschil zijn waarover je uitglijdt. Juist voor managers is het grootste probleem dat gedoe zo moeilijk te beheersen is, mede omdat ze er zelf deel van uitmaken. Daardoor is de uitkomst ervan in hoge mate onvoorspelbaar. En dat maakt gedoe lastig, bedreigend zelfs. Het past niet in het beeld van de ideale organisatie: een rationeel en harmonieus geheel. En het maakt kwetsbaar. Hoe hoger je positie, des te kwetsbaarder je wordt.

Angst voor gedoe is een belangrijke reden voor een manager om een organisatieadviseur in te schakelen. De opdracht is dan om te helpen gedoe te voorkomen, te temperen of in goede banen te leiden. Het wordt natuurlijk zelden expliciet zo gezegd en zeker niet dat het om angst gaat. De echte zorg komt er meestal pas tijdens de rit uit. In gesprek met de adviseur uit de manager dan de zorg over personen in zijn directe invloedsfeer, collega's, meerderen, ondergeschikten, waar hij iets mee heeft of had, waar hij iets mee wil of van wie hij juist af wil, die hij niet meer begrijpt, van wie hij vreest dat die tegen hem is of op zijn plek aast. Het gaat over vermoedens, vooroordelen, hersenspinsels over wat anderen zullen gaan denken of doen in het veranderingsproces. Hoe ze dit proces kunnen helpen maar vooral ook hoe ze het om zeep kunnen helpen. Kortom: hij uit zijn zorg over het te verwachten gedoe.

De emotie die ermee gepaard gaat is *angst*; angst dat dit uit de hand loopt, ontaardt in ruzie, vechten, rattengedrag. Daaronder ligt vaak de opvatting dat gedoe niet hoort en averechts werkt. Hoe hij formeel ook luidt, de eigenlijke opdracht aan de adviseur is, bewust of onbewust: VOORKOM GEDOE! De meeste adviseurs stappen daar in. En waarom ook niet? De opdracht past namelijk helemaal bij de klassieke aanpak. *Niet doen,* vinden wij, want dan verandert er in wezen niets.

'Voorkom gedoe' is een zinloze boodschap. Het is een bezwering, een ontkenning, 'vluchtgedrag'. *Gedoe komt er toch,* zeker bij organisatieverandering. Alleen al door te roepen dat je het niet wilt, is er gedoe.

Zonder gedoe geen verandering

Bij verandering hoort gedoe. Als je het zo formuleert, heeft het een negatieve connotatie. Je kunt het ook omdraaien: zonder gedoe geen verandering. Dan krijgt gedoe ineens een positieve lading. Organisatieverandering gaat over dingen die je samen anders moet gaan doen; *collectieve gedragsveranderingen,* die je met elkaar doet en doormaakt. Processen waarin wat jij wel of niet wilt, kunt en durft te veranderen, mede afhangt van wat je collega's willen, kunnen en durven. Waarin wat jij wel of niet anders doet, effect heeft op het gedrag van je buurman. Organisatieverandering is niet alleen het veranderen van taken, regels en procedures, het betekent ook altijd het door elkaar schudden van bestaande verhoudingen en het verstoren van vaste interactiepatronen. De echte vraag is niet zozeer of er gedoe komt, maar hoe je ermee om wilt gaan. Wil je het zoveel mogelijk onder tafel houden of wil je juist proberen het op tafel te krijgen? Onze positie is helder. Wij zijn voorstander van het laatste. We hebben daarvoor een heel praktisch, maar ook een heel principieel argument.

Het praktische argument is dat het op tafel te krijgen van gedoe de enige manier is om het de wereld uit te helpen. Doe je dat niet, dan gaat het toch gewoon door, maar dan ondergronds. En juist dan wordt het bij uitstek het werkterrein van de ratten. Als manager raak je dan het zicht erop kwijt en ook op de effecten. Gedoe op tafel krijgen is niet gemakkelijk. Mensen zien er sowieso tegen op hun meningen, zorgen of ergernissen zomaar te vertellen. Temeer wanneer die zijn gebouwd op hersenspinsels, fantasieën en vooroordelen. Dan laat je erg veel van jezelf zien. Er is niet alleen kans dat je afgestraft wordt, maar ook dat er misbruik van je openheid wordt gemaakt, dat je ruzie krijgt, dat anderen er met de buit van door gaan. De grote troost is dat in een beetje normaal bedrijf bijna iedereen niets liever wil dan het gedoe kwijtraken. Maar gesprekken, vergaderingen, managementconferenties waarin met alle mogelijke trucs wordt geprobeerd om het toch vooral 'netjes' of – nog erger – 'gezellig' te houden, laten naderhand zelden een goed gevoel achter. Iedereen weet of voelt aan dat dit niet het echte is, doet braaf mee, en er verandert vervolgens niets.

Dit soort organisatieveranderingen zijn vaak moeizame, tobberige of vechterige processen. Ze roepen vooral gezeur op en leveren ten slotte een eindresultaat op waar vrijwel niemand echt warm voor loopt. Als er al een resultaat is. Want volgens veel onderzoekers mislukt het merendeel van de organisatieveranderingen. Naar onze overtuiging is een van de hoofdoorzaken daarvan het steeds weer willen ontkennen, vermijden of wegpoetsen van gedoe. Als het onder tafel blijft, loopt de energie weg – ze bekijken het maar – of wordt negatief gebruikt – mopperen, roddelen, vechten en (machts)spelletjes spelen. Als wij naar aanleiding van organisatieveranderingen conferenties organiseren, zetten we ze zo op dat het gedoe zo snel mogelijk aan de oppervlakte komt. Dan kun je het aanpakken en kun je daarna weer echt aan het werk.

Er is ook een principieel argument om gedoe boven tafel te krijgen: het is dé manier om bureaucratie te voorkomen. Er zijn namelijk twee drijvende krachten die leiden tot bureaucratisering. De eerste is het streven naar efficiency en de twee-

Ik zit helemaal vast in mijn werk, dokter, maar wat moet ik anders?
Tja.
Wat zegt uw gevoel?
Gevoel? Ik ben een manager.
O ja, sorry.

de het vermijden van conflict. Bureaucratieën zijn conflictmijdende organisaties. Dat hoort tot hun essentie. Ze zijn daarom zo opgebouwd dat mensen zo weinig mogelijk met elkaar hoeven samen te werken. En waar die samenwerking onvermijdelijk is, is die zoveel mogelijk gestandaardiseerd. Dit alles om (horizontale) interactie over het werk tot het minimaal noodzakelijke te beperken. Want waar over en weer gepraat wordt en relaties ontstaan daar is ook altijd kans op conflict. En daarmee op tijd- en dus efficiencyverlies.

Maar gedoe hoort bij samenwerking, het is er onlosmakelijk mee verbonden. De echte kunst van samenwerken is juist om er goed mee om te gaan. Daarom, als je toe wilt naar een vraaggestuurde, lerende, innovatieve organisatie, een organisatie waarin mensen met elkaar weten samen te werken, dan is het eerste en belangrijkste dat ze moeten leren: het met open vizier omgaan met gedoe.

Wees blij als er gedoe is

Gedoe klinkt en voelt negatief, maar is eigenlijk het begin van verandering. Gedoe wijst erop dat mensen iets met elkaar hebben, daarmee begint de samenwerking. Wees daarom blij als er bij organisatieverandering gedoe ontstaat. Als dat níet meer gebeurt, dan heb je pas echt een probleem. De kunst van veranderen is de – in het gedoe besloten – energie positief aan te wenden.

Dat vereist echter dat gedoe wordt geëxpliciteerd en dat kan spanningen geven, hoog oplopen, soms zelfs tot iemands opstappen leiden, maar (bijna) altijd klaart het ook de lucht. Dan ontstaat de ruimte om zorgen met elkaar te delen, verdwijnen frustraties, worden oude koeien definitief begraven, herstellen zich relaties, ontstaan nieuwe bindingen. Kortom dan manifesteert zich de goede kant van gedoe en wordt het dé bron van motivatie en energie om met elkaar (opnieuw) aan de slag te gaan.

Een organisatieverandering is pas geslaagd als het samen-werken er ook plezieriger op is geworden.

De ideale organisatie: een organisatie zonder gedoe

In de klassieke opvatting is de ideale organisatie een organisatie zonder gedoe. Sterker nog, de missie van de klassieke organisatiekunde is eigenlijk altijd geweest om organisaties zonder gedoe te ontwerpen. Mastenbroek schetst in zijn boek *Verandermanagement* beeldend hoezeer de pakweg 150-jarige wordingsgeschiedenis van de huidige organisaties in het teken stond van het in het gareel krijgen van de mensen om orde en discipline te realiseren. Dat heeft een organisatiebeeld opgeleverd waarin theoretisch slechts plaats is voor individuen en waarin alleen de verticale, hiërarchische relaties van positief belang zijn en de horizontale relaties en communicatie verstorend werken en dus tot een minimum moeten worden beperkt.

In de klassieke opvatting is een goede organisatie een doelgericht, logisch en rechtvaardig (effectief, efficiënt en eerlijk) geordend geheel van taken en bevoegdheden. De assumptie is, dat als het organisatieontwerp goed in elkaar zit – de verantwoordelijkheid van de staf – en iedereen doet wat in zijn taakomschrijving staat – de verantwoordelijkheid van de manager – het vanzelf goed komt. Organisatieverandering is in die visie niet meer dan een verandering van het organisatieontwerp, inclusief de taken waaruit die is opgebouwd. Als elke medewerker zijn nieuwe taak weer onder de knie heeft, loopt de organisatie weer als vanouds. In die opvatting is het kernprobleem van veranderen het overdragen van die nieuwe taak aan die medewerkers en het door hen onder de knie krijgen daarvan.

Dat er zich intussen ook van alles afspeelt tussen de medewerkers onderling en op hoger niveau tussen de managers, wordt uiteraard niet ontkend, maar wordt gezien als een verstoring van dit beeld. In de klassieke organisatiekunde is geen plaats voor horizontale relaties en interacties. Dat veroorzaakt ruis en leidt tot informele afspraken die tegen het ontwerp kunnen ingaan. Er wordt tijd mee verspild, ze zijn oncontroleerbaar en leiden tot roddel en gebrek aan vertrouwen of zelfs wantrouwen. Horizontale interactie geeft alleen maar gedoe of nog erger, het is dé bron van gedoe. Het liefst zou je horizontale interactie uitbannen, maar dat kan niet. Dus geef je er ruimte voor op het werkoverleg, wat echter weer gezeur achteraf geeft. Zolang organisaties 'in rust' zijn, is veelal ook dit gedoe in rust; de relaties hebben zich gestabiliseerd, de interacties zijn repetitief en voorspelbaar, eventuele spanningen blijven ondergronds en binnen de perken. Maar als je gaat veranderen, wordt ook deze rust verstoord. Helaas. Eigenlijk is de meest ideale organisatie er een die nooit meer hoeft te worden veranderd.

Hoezo gedoe?

Enige tijd geleden werd ik (JS) gebeld door een kennis, die mij vroeg te helpen in een conflict tussen ondernemingsraad en directie. Zelf schoolde ze die ondernemingsraad, maar de trainingen liepen telkens weer vast omdat ze steevast uitdraaiden op gekanker over de directie. 'Wantrouwen,' zei ze, de ergst mogelijke vorm van gedoe. Uiteraard wilde ik helpen en sprak af dat hetzij iemand van de OR, dan wel een lid van de directie, of nog liever beiden, met mij contact moesten opnemen.

Twee weken later werd ik gebeld door de directeur Personeel, die zei dat hij had gehoord dat ik deskundige was op het gebied van Competentiemanagement en vroeg of ik daarover een conferentie wilde leiden. Er ontstond een uitvoerig gesprek over het hoe, wat en waartoe van dit onderwerp. En uiteraard over de deelnemers; dat bleken inderdaad de leden van directie en ondernemingsraad te zijn. Nadat we wat data hadden verkend, vroeg ik hem hoe hij aan mijn naam was gekomen. Hij noemde toen de naam van mijn kennis. Dat was het moment voor de vraag, die mij al de hele tijd op de lippen lag: 'Maar is het niet zo dat er een hele hoop gedoe is tussen directie en ondernemingsraad.' Als het niet per telefoon was gegaan had ik hem waarschijnlijk kunnen zien kleuren. Hij zei mijn jeugdige directheid te waarderen (ik ben 60), waarop ik riposteerde, dat ik in de loop der jaren heb geleerd dat het beter is het beestje bij zijn naam te noemen. Dus stelde ik hem voor dat ook in de conferentie aan de orde te stellen. We spraken af dat ik eerst gesprekken zou voeren met (leden van) de directie en de OR. Toen er daarna, via de secretaresse, alsmaar gesteggel kwam over de data, zag ik de bui al hangen. Ten slotte werd via de secretaresse alles afgezegd, omdat we niet tot een datum wisten te komen.

Ik vertelde dit verhaal op een vergadering van programmamanagers van een bekend Management Development Instituut. Na afloop kwam een van hen op mij toe en vroeg of het misschien bedrijf *x* was. Dat had hem namelijk gevraagd een middag te verzorgen over competentiemanagement. Ik zou die middag hebben gekund.

Waaraan herken je gedoe?

De meest zichtbare tekenen van onder tafel gehouden gedoe zijn fenomenen als: klagen, zeuren, roddelen, pesten, lekken, dossiertje bouwen. En op vergaderingen: langs elkaar heen praten, elkaar niet aankijken, voor elkaar spreken, lange preken afsteken. En vervolgens bij de koffieautomaat verder praten.

Als in een afdeling of team in de loop der jaren steeds weer een nieuw zwart schaap – *zondebok* – wordt gevonden, dan weet je zeker dat er hardnekkig gedoe is. Gedoe waar moeilijk de vinger achter te krijgen is.

Wanneer een groep erg tevreden is over zichzelf, maar steeds kritiek heeft op naburige afdelingen of de leiding niet vertrouwt, kan dit wijzen op gedoe, juist in die tevreden club. De anderen fungeren als *gemeenschappelijke vijand.* Hierdoor hoeft men onderling de confrontatie niet aan te gaan.

Ook terugkerende patronen binnen een groep van beschuldigen, slachtoffer zijn en redder spelen (*drama driehoek*) wijzen op het bestaan van gedoe.

De wellicht moeilijkste te betrappen vorm van gedoe is die waarbij men niet zegt wat men echt vindt, juist omdat men elkaar zo aardig vindt. Niemand wil immers spelbreker zijn. Het vermijden daarvan, kan er uiteindelijk zelfs toe leiden dat een groep (managementteam, directie, raad van bestuur) gezamenlijk een beslissing neemt die niemand wil. Dat laatste blijkt dan meestal pas achteraf, als het kwaad al is geschied. Dit fenomeen heet de *Abilene*-paradox (beschreven door Harvey), en komt zo vaak voor dat wij wel eens gekscherend opmerken aan deze paradox ons brood te verdienen.

De gevolgen van gedoe – en juist van het willen vermijden ervan – kunnen desastreus zijn. Werkvreugde verdwijnt, energie wordt verspild, mensen melden zich ziek of stappen op – soms steeds weer op dezelfde positie –, beslissingen worden niet geaccepteerd of worden in de uitvoering om zeep geholpen. Of er worden halfslachtige, tegenstrijdige of pertinent foute beslissingen genomen.

Gezicht van gedoe (1)

In een dienstverlenende organisatie, enkele jaren eerder ontstaan uit een fusie, dient een uitgevoerd Medewerkerstevredenheidsonderzoek (MTO) als uitgangspunt voor een cultuurveranderingstraject.

Het MTO geeft het beeld van een grote tevredenheid van de medewerkers over het werken in de organisatie, over eigen ontplooiingskansen, over de samenwerking met collega's. De meerderheid geeft aan nog vele jaren bij het bedrijf te zullen/willen blijven. Het MTO geeft tegelijkertijd grote ontevredenheid te zien over de communicatie van de directie naar de mensen.

In een *open space*-bijeenkomst, waarin we met het hele personeel een nadere diagnose van de problematiek proberen te maken, blijkt de 'onderlinge samenwerking' wel degelijk een probleem te zijn. Maar de meeste, en uitgesproken negatieve, energie gaat zitten in thema's als 'oud zeer' en 'gebrek aan vertrouwen', thema's die uiteindelijk regelrecht blijken neer te komen op wantrouwen in de leiding. Dit wantrouwen blijkt de hele bijeenkomst in een beklemmende houtgreep te hebben; alle andere discussies, ideeën en voorstellen lopen vast. De *open space* maakt duidelijk dat de leiding fungeert als gemeenschappelijke vijand waardoor anderen onderlinge confrontaties kunnen vermijden en waardoor de zelfreinigende werking van het sociale systeem wordt lamgelegd, zodat veranderingen al bij voorbaat vastlopen.

2. *Motiveren: een klassieke reflex op een klassieke aanpak*

Op een conferentie over verandermanagement vroeg de dagvoorzitter de aanwezige managers aan het eind van de dag, wat de belangrijkste les was die ze hadden geleerd. Een van hen vatte die, met een welhaast schuldbewuste toon in haar stem, als volgt samen: 'Het gaat eigenlijk steeds weer om hetzelfde: motiveren, motiveren en nog eens motiveren.' Het applaus dat volgde maakte duidelijk dat de spreekster sprak namens veel van de aanwezige managers. Wij krijgen echter bij zo'n uitspraak vrijwel onmiddellijk, reflexmatig bijna, de kriebels. Hoezo motiveren? En wie heeft er een probleem als dat niet lukt?

De klassieke vraag: hoe krijg je ze zo gek?

In essentie is dit de klassieke opvatting over leidinggeven: 'de ander zo gek krijgen'. Aan de ene kant stuur je je mensen aan door het ontwerpen van structuren, taakomschrijvingen, procedures, plannen. Dat is de *indirecte* manier van beïnvloeden, oftewel managen. Leidinggeven is het beïnvloeden van je medewerkers via *directe* interactie: *leiderschap*. De kunst daarvan is uiteraard dat zo effectief te doen, dat iedereen doet wat er van hem of haar wordt verwacht. Er bestaan tientallen theorieën en nog veel meer methodes en trucs voor effectief leiderschap. In het nog steeds populaire boek van Blanchard, *The One Minute Manager*, wordt niet alleen uitgelegd hoe je dat effectief kunt doen maar ook nog eens heel efficiënt 'in one minute'. Sinds de opkomst van de *human relations*-filosofie zijn we het er algemeen over eens, dat dit bij voorkeur moet worden bereikt zonder machtsmiddelen als straf, dwang of zelfs intimidatie. Je moet proberen het zodanig te doen dat mensen uit zichzelf meewerken. Dat is wat wordt verstaan onder motiveren: mensen een motief geven... om vrijwillig en enthousiast te doen wat jij wilt. De klassieke opvatting, met zijn piramidale kijk op organisaties, die aan al deze leiderschapstheorieën en -methodes ten grondslag ligt, is dat uiteindelijk de manager verantwoordelijk is voor het doen en laten van zijn medewerkers. Het is zíjn probleem om zijn medewerkers gemotiveerd te krijgen en te houden.

De eigen verantwoordelijkheid van de medewerker...

De laatste jaren is deze opvatting behoorlijk aan het veranderen. Niet alleen omdat de gedachte gemeengoed is geworden dat je nooit verantwoordelijk kunt zijn voor de daden van een ander. Zelfs niet voor die van je kinderen, behalve dan in juridische zin. En je medewerkers zijn zeker niet je kinderen. Een ander motiveren kan maar tot op zeer beperkte hoogte en met een beperkte houdbaarheid. Niet voor niets is er de gevleugelde uitspraak over dat paard, dat je wel naar het water kunt leiden, maar niet kunt dwingen te drinken.

Maar ook die opvatting is niet meer van deze tijd. De huidige medewerker is over het algemeen zeer goed geschoold en eigen verantwoordelijkheid staat hoog in het vaandel. Er is een maatschappij ontstaan, waarin heel andere dan de klassieke verhoudingen gelden. Verhoudingen die zich kenmerken door wederzijdsheid, gelijkwaardigheid en volwassenheid. Die zie je terug in de hedendaagse organisaties. Waarom zou het dan in die organisaties nog de verantwoordelijkheid van de manager moeten zijn om zijn medewerkers te motiveren? Dat leidt tot veel, meestal overbodig en belerend praten, uitleggen en overtuigen. Om het eerdere beeld door te zetten: een beetje modern paard weet meestal ook zelf wel waar hij water moet vinden. Kortom, het strookt niet met de moderne verhoudingen tussen managers en hun medewerkers.

In een moderne organisatie heeft een niet-gemotiveerde medewerker allereerst zelf een probleem. Hij kan er met zijn manager over praten, hulp vragen, maar het blijft zijn eigen verantwoordelijkheid om er iets aan te doen. En wat er niet inzit, krijgt ook een briljante leider niet toegevoegd.

Het zijn deze opvattingen die hebben geleid tot het succes van coachend leidinggeven. De leidinggevende is niet de baas, maar de coach van de medewerker. Leidinggeven wordt dan ondersteunen, helpen, richting geven, inspireren.

... totdat

Als het om regulier leiderschap gaat, bestaat over deze filosofie zo langzamerhand brede overeenstemming. Een woord als 'motiveren' en woorden die daar op lijken, kom je ook steeds minder tegen. Echter, bij leidinggeven aan organisatieverandering komt het ineens weer te voorschijn: 'motiveren, motiveren en nog eens motiveren.' Hoezo, waarom? Kennelijk schiet men dan weer helemaal in het oude paradigma.

Als managers veelvuldig dit soort woorden gebruiken, kun je er bijna zeker van zijn dat je te doen hebt met een ouderwetse top-down reorganisatie, waarbij de mensen van boven naar

beneden, laag na laag, een nieuwe organisatie aangemeten krijgen. Bij zo'n aanpak is het begrijpelijk dat de managers teruggrijpen op de klassieke kunst van het motiveren. Het hoort erbij. Eerst hebben je bazen, vaak met de nodige druk, jou en je collega's zo gek gekregen en nu is het jouw beurt om jouw mensen mee te krijgen. Je hebt je gecommitteerd en daardoor is hun motivatie nu jouw probleem. Dat wordt vaak nog eens versterkt doordat jouw medewerkers dit probleem ook maar al te graag op jouw bord leggen. Zoals jij en jouw collega's dat wellicht daarvoor bij jouw baas hebben proberen te doen. Het is als het ware een reflex: een klassieke reflex op een klassieke aanpak, die zich laag na laag herhaalt.

Motiveren helpt niet

Hoe begrijpelijk de reflex ook is, *ze is niet goed.* Er kleven twee grote 'maren' aan.

Het eerste bezwaar is dat hoe beter je er als manager in slaagt om je mensen te motiveren, des te meer je de klassieke verhoudingen tussen leidinggevende en medewerker (her)bevestigt. En als je toe wilt naar een nieuwe – volwassen, lerende – organisatie, is dat nu juist net niet de bedoeling. Als je wilt dat je

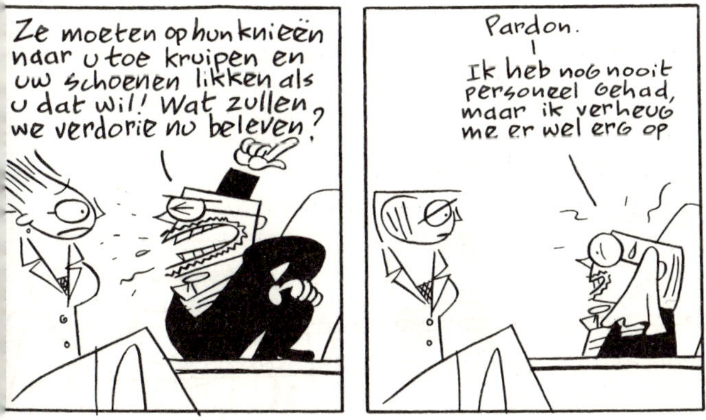

mensen zelf de verantwoordelijkheid voor de verandering gaan nemen, moet je stoppen met motiveren.

Het tweede bezwaar is dat motiveren niet helpt, als het om een collectief probleem gaat. En dat is nu precies wat bij organisatieverandering het geval is. Organisatieverandering is een *collectieve* gedragsverandering, waarbij het gedrag – en de verandering daarin – van de één direct van invloed is op het gedrag – en de verandering daarin – van de ander. Bij een algemeen gevoeld gebrek aan motivatie is het bijna zeker dat er een onderliggend probleem speelt dat je niet met motiveren oplost. Grote kans dat er 'gedoe' is. En om dat op te lossen heb je weinig aan de kunst van het motiveren. Gedoe is niet iets wat zich *in* een of enkele individuen voordoet maar dat zich afspeelt *tussen* individuen. Gedoe los je op door mensen met elkaar in gesprek te brengen.Je krijgt het op tafel, en vervolgens eraf, door het op gang brengen van interactie. Zo krijg je weer gezonde werkrelaties; en dat motiveert. Het bespreken van gedoe gaat zelden zonder gedoe. Maar het blijft daar vervolgens ook zelden in steken.

Het kan natuurlijk ook zijn dat er sprake is van echte onwil die in de loop der jaren is gezaaid en zich nu, gevoed door de aanpak, manifesteert. Dan is het te laat om alsnog met motiveren aan te komen.

☞ Inspireren is leven blazen in iets wat er al was.

De ideale werknemer: de medewerker

In de klassieke opvatting is de ideale organisatie een organisatie zonder gedoe. De ideale werknemer die hoort bij deze ideale organisatie is: de medewerker. Voor wat vroeger een arbeider heette, hebben we na de oorlog, onder invloed van de *human relations*-filosofie, een nieuw woord bedacht wat haarscherp uitdrukt wat we van hem verwachten: dat hij meewerkt. Meewerkt aan wat 'de organisatie' bij monde van de manager, van hem wil. Ook woorden als motiveren, zelfsturende teams, employability, implementeren en uitrollen verwijzen naar de onderliggende opvattingen in een klassieke organisatie.

Waarschijnlijk zullen we een nieuw woord voor 'medewerker' bedenken als de ontwikkeling naar volwassen arbeidsverhoudingen doorzet. In een toenemend aantal bedrijven kun je pogingen in die richting waarnemen: bijvoorbeeld als men het heeft over 'onze professionals' of 'de vaklui' of 'de kenniswerkers'. Onlangs op een managementcongres in de Arena sprak Willem van Hanegem, naast vele topmanagers. Zij hadden het over 'onze medewerkers'. Hij had het over 'die gasten'.

Het Nederlands elftal (1)

Nederland kan voor haar nationale elftal beschikken over goede voetballers. Niet voor niets spelen de meesten bij de beste clubs van Europa. Toch lukte het Louis van Gaal niet het elftal te plaatsen voor het wereldkampioenschap in Korea. Volgens Van Gaal misten ze de juiste instelling, waren ze verwend en niet meer bereid ervoor te vechten. Niet gemotiveerd dus. Foute analyse. Het probleem zat in het collectief, of beter gezegd in het gebrek daaraan, en niet in de individuen. Het gaat niet om hoe ieder voor zich speelt, maar hoe ze samen-spelen. En dan kom je uit bij hoe ze met elkaar interacteren, bij de onderlinge verhoudingen, posities en afhankelijkheden. Dan gaat het om zaken als sympathie en antipathie, vertrouwen of het gebrek daaraan, status en macht. Ook Dick Advocaat pakte weer de individuen aan. Frank de Boer snapte kennelijk het probleem en nam het initiatief om eens stevig met elkaar te praten. Tot onze verbazing wilde Advocaat er niet eens bij zijn!

De goede startvraag

De meest gangbare manier om conferenties te organiseren waarin gedoe wordt verwacht, is dat de adviseurs zich op zo'n bijeenkomst voorbereiden en zich in de problematiek verdiepen door uitgebreide interviews te gaan houden met (een steekproef uit) toekomstige deelnemers en/of representanten van achterbannen. Daar zien wij zelden heil in. De verhalen, die je wel of niet *sub rosa*, te horen krijgt, binden je als adviseur aan handen of voeten, juist door die 'vertrouwelijke' toon. Sterker nog, alleen al door ernaar te luisteren, wordt de adviseur met het probleem opgezadeld. Eigenlijk stap je impliciet in de opdracht: geen gedoe. Zulke verhalen hebben alleen zin als ze tussen de betrokkenen onderling worden uitgewisseld. De kunst van zo'n bijeenkomst is om dat voor elkaar te krijgen. Dus inclusief alle emotionele, irrationele, bevooroordeelde overwegingen die hun handelen verklaren: zorg, irritatie, rivaliteit, angst...

Hoe meer ervaring we hierin hebben gekregen, des te meer we beseffen dat het welslagen van zo'n bijeenkomst in hoge mate afhangt van de vraag waarmee je opent. Uiteraard is dat altijd een triviale vraag in de trant van: Waar maak je je zorgen om? Waar zou je (eindelijk eens) vanaf willen? Wat irriteert je nou echt? Waar ben je het meest bang voor? Maar hoe triviaal ook, de keus van die vraag is niet willekeurig. Het gaat erom die vraag te kiezen, die precies inhaakt op wat er speelt; die voldoende uitdagend is om een antwoord te krijgen dat er toe doet en tegelijkertijd voldoende veilig is om een eerlijk antwoord te krijgen.

Voorbeeld: een van onze conferenties openden we met de vraag: 'Wat was voor jou het hoogtepunt van de afgelopen maanden en wat het dieptepunt?' De conferentie was belegd omdat de directie twijfelde of men wel mee wilde met de nieuwe koers en/of er voldoende vertrouwen was in de nieuwe leiding. Wat er werkelijk aan de hand was, bleek toen vrijwel alle deelnemers als dieptepunt het recente ontslag van een collega noemden. Meteen aan het begin van de conferentie werden zo de angsten, zorgen, twijfels en gevoelens van onveiligheid die hierdoor waren ontstaan, open besproken en daarmee uit de wereld geholpen en konden we aan het werk.

Onze voorbereiding op dit soort conferenties is erop gericht genoeg inzicht te krijgen in de situatie om een goede openingsvraag te kunnen stellen. Niet meer.

3. *Wie onwil veronderstelt, zal weerstand krijgen*

Twee jaar lang hebben we, als we les gaven over organisatieverandering, aan de deelnemende managers de stelling voorgelegd: 'Mensen willen niet veranderen'; eens of oneens? Altijd stemde meer dan de helft: eens! De meeste managers geloven dus kennelijk dat (hun) mensen een hekel hebben aan veranderen. Deze opvatting past helemaal in het beeld van de organisatie als piramide. Niet voor niets noemen managers hun mensen medewerkers. Het woord geeft precies aan welk beeld de manager heeft van de ideale werknemer, namelijk dat die meewerkt. Maar ook wat zijn zorg is: of hij dat wel echt doet. Het is deze piramidale preoccupatie die veel managers telkens weer doet twijfelen aan de veranderingsbereidheid van hun mensen. Hun diepe zorg is: *ze willen niet.*

Weerstand betekent letterlijk: onwil

Managers staan in die gedachte niet alleen. *Weerstand tegen verandering* en het managen daarvan – het overkomen, wegnemen, beheersen en bestrijden van weerstand – heeft een centrale plaats in de wetenschappelijke literatuur over verandermanagement. Er zijn managementconferenties en cursussen te over waarin wetenschappers uitleggen wat weerstand is, trainers je de trucs leren in het managen van weerstand en managers hun collega's uitleggen hoe zij in hun praktijk dit varkentje wassen. Maar hoe wetenschappelijk, objectief en neutraal het concept 'weerstand tegen verandering' ook lijkt, het steunt de managers in het onderliggende beeld dat ze van hun medewerkers hebben, namelijk: 'dat ze niet willen'. Immers, dat is precies wat het woord weerstand zegt. Maar klopt dat wel?

Het is je reinste flauwekul. Neem jezelf, hoe vaak ben je niet veranderd, van auto of baan, woonplaats, hobby of sport, van netwerk en van kennissen, wellicht zelfs van levenspartner? Je huidige manier van werken, eten en drinken, kleden, rusten en vakantie houden is vermoedelijk niet vergelijkbaar met die van pakweg tien jaar geleden. Wat is er nog over van je opvattingen, overtuigingen en normen van toen? En waren die veranderingen allemaal tegen je wil? Vast niet. De kans is zelfs groot dat je veel van die veranderingen nadrukkelijk hebt geambieerd. Managers hebben de neiging hun energie te stoppen in de vraag hoe je 'ze' zo gek krijgt. Maar filosofisch gezien zit het grote geheim in de omgekeerde vraag: waarom willen mensen, anders dan dieren, voortdurend de dingen anders doen en andere dingen doen. *Veranderen? Het lijkt eerder alsof mensen niets liever willen!*

Mensen willen niet veranderd wórden

Natuurlijk komen ook wij geregeld bedrijven tegen waarvan de mensen niet willen veranderen. Niet of niet meer. Die bedrijven hebben dan ook echt een levensgroot probleem. Maar niet zelden is de diepere oorzaak dat het management er in de vele jaren daarvoor al vanuit is gegaan dat 'ze' wel niet zullen willen. Een self-fulfilling prophecy. Wat begint als een misvatting, wordt een vooroordeel, weer later een smoes en eindigt als een feit.

Medewerkers slaan niet direct aan het veranderen als het management dat vraagt. Sterker nog, er is pas reden tot zorg als ze dat wél zouden doen. Al sinds jaar en dag wijzen psychologen erop dat als mensen moeten veranderen dat in het begin bij vrijwel iedereen altijd verzet oproept. Zeker als iemand anders, het management, dat vraagt. Ook managers zelf hebben daar last van. Dit verzet wordt gevoed door gevoelens van zorg, onzekerheid, bedreiging: wat gaat er met mij gebeuren, zie ik dat zitten, kan ik dat wel? Je kunt dat weerstand noemen, maar eigenlijk is dat het verkeerde woord, want de onderliggende emotie is angst voor het onbekende. *Angst* voor van alles en nog wat; maar vooral voor gedoe. Het is geen onwil. Dat is iets heel anders. Als je dat niet door hebt en verzet inschat als onwil, dan is dat het begin van veel ellende. Het overwinnen van angst vergt namelijk een heel andere aanpak dan het overwinnen van onwil.

Onwil is niet iets wat er is, maar wat je krijgt

Vat je de weerstand verkeerd op, dan gaat de misvatting al snel over in een vooroordeel. 'Ze' willen niet. Een vooroordeel dat zichzelf bevestigt. Wie uitgaat van onwil, zal bewust of onbewust middelen hanteren die allemaal neerkomen op meer of minder fijnzinnige vormen van dwang: verlokken, platpraten, overreden, manipuleren, dreigen, doordrukken. Allemaal varianten van macht en vechten. Maar het gebruik van macht roept tegenkracht op: weerstand. Dat is een sociaal-psychologische wetmatigheid. Mensen gaan terug vechten en vaak minstens zo subtiel. Zo kan er een proces ontstaan van voort-

durend en afwisselend *tegenbewegen*, *meebewegen* en *wegbewegen*, afhankelijk van hoe machtig partijen zichzelf en hun tegenstander inschatten en welke medestanders ze wel of niet weten te mobiliseren. Soms escaleert het gevecht, maar meestal bloedt het dood, doet iedereen water bij de wijn, stopt het geleidelijk tot er uiteindelijk niemand meer beweegt. Er is geen beweging meer in te krijgen. De oorzaak daarvan is niet onwil, maar de vooronderstelling van de manager. Die veronderstelde onwil en kreeg weerstand.

Wat overblijft is een organisatie waarbij de foutieve vooronderstelling werkelijkheid wordt. Een werkelijkheid die het management ertoe brengt om de volgende reorganisaties maar gewoon op macht door te drukken; en het bestuur om managers te benoemen die daar goed in zijn. Organisaties, waarin de medewerkers zich bezig houden met de vraag hoe deze nieuwe reorganisatie te overleven – 'bukken!' – of net genoeg meedoen om niet van onwil te worden beticht. Waarin reorganiseren synoniem wordt aan grote aantallen mensen eruit – en het liefst zo snel mogelijk – om gedoe te voorkomen. Na de medewerkers volgen vaak de managers, die deze medewerkers eruit hebben gegooid. In het ergste geval wordt

de onwil-hypothese niet alleen maar gebruikt om de middelen te legitimeren, maar ook om te voorkomen dat de vraag wie nou eigenlijk de oorzaak is van de sanering, op het juiste bord wordt gelegd.

Weerstand is zorg

Onze boodschap: vat weerstand niet te snel op als onwil. Meestal is de oorzaak van weerstand onzekerheid, angst, zorg. Zorg voor de toekomst. Als zodanig is weerstand gezond. Het voorkomt het nemen van al te drieste stappen. De kunst is ook niet om die zorg weg te nemen door zekerheid te bieden. Dat kan niet, de typische eigenschap van de toekomst is nu eenmaal dat die onzeker is, zelfs als er niet veranderd zou worden. De kunst is om met elkaar die angst om te zetten in durf, in avontuur. Te gaan dromen over de toekomst. Van een belemmering wordt het dan een stuwende kracht; de bedreiging wordt een uitdaging. In de kern is die kunst een heel simpele: het overwinnen van angst, van zorg, begint met het benoemen, het uitspreken ervan. Maar daar zit een lastige paradox aan vast: *er is veiligheid nodig om over angst te kunnen praten, maar die veiligheid creëer je juist door over angst spreken.*

Mensen hebben een hekel aan gedoe

De grootste angst echter is vaak die voor *gedoe*. Het op de loer liggen van gedoe is meestal de echte reden dat mensen niet in beweging komen. Gedoe tussen managers, die het onderling niet eens zijn of de veranderingen gebruiken om oude vetes uit te vechten of om hun eigen positie te verbeteren. Gedoe met managers, die toch alleen maar geloven, dat je niet wilt veranderen en je voortdurend proberen te committeren en onder druk te zetten. Gedoe met collega's die nu eindelijk de weg vrij zien om hun slag te slaan en ga zo maar door. Mensen willen best veranderen, maar hebben een hekel aan gedoe. En zolang dat niet op een vertrouwenwekkende manier wordt aangepakt is het begrijpelijk dat men zich op de vlakte houdt. Omgekeerd is juist het aanpakken van dat gedoe dé kans om de eerste stap te zetten in de richting van een heel andere organisatie.

☞ Mensen willen wel veranderen, maar niet veranderd worden.

Het op tafel krijgen van gedoe: het verschil tussen zeggen en doen

Gedoe is aan de orde als mensen iets anders doen dan ze zeggen. De organisatiekundige Argyris heeft dit verschijnsel verder uitgewerkt. Hij maakt onderscheid tussen *espoused theory*, door ons vertaald als 'praattheorie' en *theory in use*, te vertalen als 'doe-theorie'. Praattheorie zijn al die overtuigingen, opvattingen en oordelen waarvan de betrokkene zegt dat ze zijn handelen bepalen. Maar als zijn handelen hiermee niet overeenstemt, dan hanteert hij kennelijk, bewust of onbewust, nog andere overtuigingen, opvattingen en oordelen, die verklaren waarom hij iets anders doet. Dit zijn de doe-theorieën: vooroordelen, hersenspinsels, fantasieën of wat dan ook, die maken dat iemand iets anders doet dan wat hij zegt.

Zo bekeken is de kunst van het op tafel krijgen van gedoe eigenlijk het op tafel krijgen van iedereens doe-theorieën. Maar dat gaat zo maar niet. Veel doe-theorieën zijn gebaseerd op emoties en vooral op angst. Ze zijn vaak irrationeel, onlogisch dus. Daar kun je in een (klassieke) organisatie niet mee aankomen. Bovendien zijn ze vaak gebaseerd op veronderstellingen over de reacties van anderen, en die kunnen wel eens helemaal niet kloppen. Dus loop je bij het vertellen ervan de kans op ruzie en daarmee wordt opnieuw een basisprincipe van de ideale organisatie overschreden.

Essentieel voor het slagen van conferenties, die bedoeld zijn om het gedoe op tafel te krijgen, is dan ook de afspraak dat het uiten van emoties, vooroordelen en fantasieën *mag*; beter nog, het *moet*. Het paradoxale is echter dat die afspraak, bedoeld om het vertellen ervan te vergemakkelijken, eigenlijk pas goed kan worden gemaakt, nadat die emoties, vooroordelen en fantasieën zijn verteld. Overigens, als het gebeurt, loopt zo'n conferentie zelden uit de hand om de reden dat iedereen emotioneel, irrationeel en bevooroordeeld is. Door dat over en weer aan elkaar te vertellen, verdwijnt het verwijt en kan men weer verder met elkaar. Wij noemen een dergelijke soort conferentie daarom graag: een *schoonmaakconferentie*.

Communiceren over gedoe

Er zijn twee essentiële communicatieregels die vrijwel altijd op enig moment in een zogenoemde schoonmaakconferentie worden ingebracht:

1. Spreek voor jezelf
2. Zeg wat je denkt of voelt.

Dit zijn de kernregels voor communiceren in open, flexibele, lerende, innovatieve organisaties. Aan de ene kant is het voortdurend overschrijden van deze regels een sterke aanwijzing voor het aanwezig zijn van gedoe. Omgekeerd, wil je het de wereld uit helpen, dan is het noodzakelijk om volgens deze regels met elkaar te praten.

Communicatieregel 1: Spreek voor jezelf

Het overtreden van de eerste regel manifesteert zich vooral in het veelvuldig gebruik van het woordje 'we'. De spreker geeft dan niet meer alleen zijn of haar mening, maar spreekt ook direct maar voor enkele of alle collega's, ook als die nog helemaal niet gezegd hebben wat ze er van vinden. Wat je daarmee doet, is voorkomen dat je zelf met de billen bloot moet. Je vertelt alleen dat stukje van je eigen probleem, waarvan je weet dat het door anderen wordt gedeeld. Heb je het verteld, dan ben jij het kwijt en hebt er tegelijkertijd een gezamenlijk verhaal van gemaakt. Indekken heet dat. In plaats van helemaal je eigen verhaal – je 'ik'-probleem – te vertellen, maak je er een 'wij'-probleem van. Dat lukt als anderen er niet tegen ingaan. Als 'we' er vervolgens niet uitkomen wat we met dit 'wij'-probleem aan moeten, leggen we het op het bord van de buren: 'ze', die zich daar uiteraard tegen afzetten. Eilandvorming heet dat. Nog makkelijker is het bij onze baas te leggen, die op zijn beurt kan gaan meedoen met 'we' en het bij zijn bazen leggen. Een 'we'-probleem wordt dan een 'ze'-probleem. We leggen het buiten onszelf met als 'winst' dat wij er dan niet verantwoordelijk voor zijn en er dus niets aan hoeven te doen.

Communicatieregel 2: Zeg wat je denkt of voelt

Het overtreden van de tweede regel manifesteert zich onder meer in het gebruik van veel en moeilijke woorden, verpakt tot complexe zinnen. Slecht naar elkaar luisteren, afhaken van de toehoorders zijn meestal signalen. Want als iemand echt zegt wat hij denkt of voelt, wordt er bijna altijd goed geluisterd. Het overtreden van de regel werkt aanstekelijk, immers als hij niet echt zegt wat hij denkt, waarom zou ik dat dan wel doen? Het met elkaar overtreden van die regel kan er zelfs toe leiden dat men samen een beslissing neemt die niemand wil. Met soms zeer ernstige gevolgen. Iedereen heeft zo zijn eigen, en op zich begrijpelijke en legitieme, redenen om deze regel te overtreden. De onderliggende emotie is echter steeds: angst. En die kan reëel zijn. Je kunt dus ook niemand dwingen alles te zeggen wat hij of zij denkt of voelt. Gevoelens en gedachten zijn vrij. Je kunt echter wel eisen, dat als iemand iets zegt, dat dit dan klopt met wat hij denkt of voelt. Vaak is hierbij het voorbeeldgedrag van de (informele) leiders doorslaggevend, zowel voor het collectief overtreden van de regel, als voor het goed toepassen ervan. De beste manier om te ontdekken of iemand iets anders zegt dan hij denkt of voelt is *kijken*: je ziet het.

4. *Een goed besluit behoeft geen draagvlak*

'Creëer draagvlak!' Dit behoort tot de top-5 van wijsheden over verandermanagement. Geen boek, artikel, interview of lezing, of hier wordt op gehamerd. Het is een gebod waar niets op af te dingen lijkt, want zonder draagvlak heb je inderdaad een groot probleem. Wat dat betreft is deze raad een open deur. Maar als het zo vanzelfsprekend is, waarom moet het dan steeds weer worden gezegd? Hier is iets vergelijkbaars aan de hand als met weerstand. Net zo vanzelfsprekend als van weerstand wordt verondersteld, lijkt ervan uit te worden gegaan dat draagvlak ontbreekt.

Van draagvlak tot weerstand

Sinds de eerste theorieën over *planned change* is er veel geschreven over het creëren van draagvlak. In al hun verscheidenheid en nuanceringen komen die geschriften er steeds weer op neer dat je de mensen moet laten meedenken, laten participeren. In de jaren zeventig heette dat inspraak. In de decennia daarna zijn managers massaal geschoold in wat toen 'participatief leidinggeven' werd genoemd. Dat dit begrip tegenwoordig niet meer in is, komt niet omdat het uit is, maar omdat participatie nu als vanzelfsprekend wordt beschouwd. Ook bij stafmensen is het gemeengoed om al in een zo vroeg mogelijk stadium mensen uit de lijn te laten meepraten bij het ontwerpen van nieuwe strategieën, structuren of systemen. Met als doel het verkrijgen van commitment.

In grotere bedrijven worden bij organisatieverandering al snel vele projectgroepen in het leven geroepen, 'aangestuurd' en 'gefaciliteerd' door stuurgroepen, steungroepen, adviesgroepen of klankbordgroepen; groepen die zo heterogeen mogelijk zijn samengesteld wat betreft staf/lijn, discipline, hiërarchisch niveau, taak, teamrol, enzovoorts, om maar zo goed mogelijk recht te doen aan de diversiteit van het bedrijf. Zo wordt er bij organisatieveranderingen heel wat afgepraat. Veel en in toenemende mate teveel. Wat erger is: in veel bedrijven lijkt de functie van al het gepraat gaandeweg niet meer om veranderingen te bevorderen, maar juist om ze tegen te houden.

Bij elke verandering moeten er dingen worden bestudeerd, ontworpen, uitgewerkt, gedaan of beslist. Er is niets op tegen om daar teams voor in het leven te roepen. Ook niet als dat er veel zijn. Het probleem ontstaat als het formeren van deze groepen als achterliggend doel krijgt om draagvlak te creëren en acceptatie te verkrijgen. Steeds vaker is dat de diepere en soms zelfs de enige bestaansreden van al die groepen. *Iedereen mag over alles meepraten, maar niemand mag echt ergens iets over te zeggen hebben.*

Van weerstand tot wantrouwen

Juist in bedrijven waarin weerstand wordt verondersteld, is in de loop der tijd de noodzaak om draagvlak te ontwikkelen vanzelfsprekend geworden. Het hoort bij de cultuur. Tekenen hiervan zijn: als men namens anderen gaat spreken, als men niet meer precies zegt wat men denkt en gewenst veronderstelde opvattingen bezigt, als men 'jee'-afspraken maakt (jee staat voor: noch ja, noch nee) en non-beslissingen neemt. Nog weer een fase later kunnen dit soort groepen een arena gaan vormen om eigen meningen, posities en belangen te verdedigen, het machtsspel te spelen en de verandering tegen te houden. Het systeem verpolitiekt en het wordt voor managers een manier om te overleven. De interactie gaat steeds meer lijden onder een van de meest vervelende fenomenen die zich in een organisatie kunnen voordoen: *wantrouwen.* In zijn mildere vorm is dat

Weet u wat de taak is van een manager binnen een bedrijf?
Niet precies.
Goed luisteren naar de werknemers, draagvlak creëren en dan de knoop doorhakken.
Klinkt goed.
Nou, knopen doorhakken is lekker, de rest is gezeik aan je kop.

wantrouwen in de *situatie* ('suspicion') en in zijn ergere vorm is het wantrouwen in de *persoon of personen* ('distrust').

Wantrouwen heeft een verlammende uitwerking op elke communicatie, interactie en besluitvorming. Iedereen ziet en voelt het, maar toch is het nauwelijks (aan) te pakken, omdat het een taboe is erover te beginnen. Wantrouwen richt zich altijd op de anderen, collega's, andere afdelingen, klanten. Bij voorkeur gaat het naar de leiding. Soms is wantrouwen terecht, en blijken een of enkele personen inderdaad de zaak te belazeren. Maar dat is niet de regel. Dat de leiding het geliefkoosde voorwerp van wantrouwen is, zit in het sociale systeem ingebakken. Sterker nog, in het zoeken naar draagvlak is het er door de leiding zelf ingestopt.

De manier om er vanaf te komen is dan ook *niet* om nog meer en nog zorgvuldiger met elkaar te overleggen. Hoe meer er wordt gezocht naar draagvlak, des te groter wordt het wantrouwen. De leiding raakt gevangen in de vicieuze cirkel die ze zelf heeft gecreëerd. Wat dan wel? Tracht ook dit gedoe bespreekbaar te maken. Maar begin met het nemen van die beslissingen, die jij als leiding geacht wordt te nemen en communiceer die zo helder mogelijk. Juist het onduidelijk laten van waar en door wie welk besluit wordt genomen en hoeveel invloed anderen daar nog op kunnen hebben, heeft het politieke en draagvlak-gedoe in de hand gewerkt.

Waarom zo'n drukte over draagvlak?

Waarom maken managers, en ook hun adviseurs, zich eigenlijk zo druk over het verkrijgen van draagvlak? Over iets dat nogal wiedes is? Immers, als je als leiding geen (al te) stomme beslissingen neemt, is in een beetje gezond bedrijf met een beetje gezonde werknemers dat draagvlak er toch? Dan mogen je mensen er toch vanuit gaan dat wat goed is voor het bedrijf, ook goed is voor hen. En wie echt niet met de beslissing kan leven kan moet een ander bedrijf zoeken. Toch?

Natuurlijk, soms kan een verandering voor een of enkele individuen heel vervelend uitpakken. Die zijn het er dan natuurlijk niet mee eens. Maar waarom daar een algemeen draagvlak-probleem van gemaakt? In geval van sanering kan een hele groep worden getroffen met als uiterste consequentie dat ze op straat komt te staan. Ook dan is er uiteraard geen draagvlak, maar is het ook onzin dat te willen krijgen. De mensen die dat overkomt, gaan alleen nog proberen zo goed mogelijk voor zichzelf op te komen. En terecht! Dan praten we over een sanering, en dat is heel iets anders dan een verandering.

Net als de veronderstelling dat mensen niet willen veranderen, is de noodzaak om draagvlak te creëren een probleem dat de leiding zelf oproept door er bij voorbaat al vanuit te gaan dat het draagvlak er wel niet zal zijn. En ook nu wordt het weer een self-fulfilling prophecy. Er worden allerlei vormen van overleg in het leven geroepen om vervolgens te ontdekken dat het daardoor alleen maar moeilijker wordt om draagvlak te krijgen. Stop daar toch mee! Het geeft alleen maar onnodig gedoe. Overigens, wie van dit draagvlak-gedoe af wil, zal voordat hij de organisatie gaat veranderen eerst *de manier van veranderen moeten veranderen.*

Geen politiek (in) bedrijven.

Afspraak = afspraak

Dat vereist gelijkwaardigheid in verhoudingen, waarbij alle partijen de optie hebben om 'nee' tegen elkaar te zeggen.

In bureaucratieën met een behoorlijke dosis machtscultuur is het, als 'ze' van boven iets vragen haast niet mogelijk dat te weigeren. Het is in ieder geval niet goed voor je reputatie. Althans dat is de beleving. Omgekeerd zal daarom van boven, als men per se iets wil, het machtsmechanisme worden gebruikt om door te drukken. In veel organisaties is een van de hardnekkigste disfunctionele gedragingen het zich niet houden aan afspraken: 'ja' zeggen en 'nee' doen. Vaak is dit een diep in de structuur en de cultuur geworteld fenomeen. De werkelijke issue is meestal ook niet dat men zich niet houdt aan de gemaakte afspraken, maar dat men de afspraken niet goed maakt. Het worden 'jee'-afspraken; geen 'ja' en geen 'nee'. En dat heeft meestal weer alles te maken met het hiërarchisch karakter van de organisatie.

Gedoe in 'open space'

Juist ingrijpende veranderingen kunnen heel snel gaan, en hoeven niet laag voor laag voor laag te worden afgedwongen. Er is inmiddels een reeks technieken ontwikkeld om met grote groepen intensief en snel veranderingen op gang te brengen. In de literatuur worden ze aangeduid met namen als *large group interventions* of *decision making accelerators.* De meest bekende, en min of meer de bakermat van al deze technieken is de *open space*-bijeenkomst, ontwikkeld door Harrison Owen. De essentie van de aanpak is dat de wandelgangen tot de echte conferentie worden gemaakt. Dit is toe te passen op groepen uiteenlopend van vijftien tot wel honderdvijftig mensen. De techniek is vooral geschikt om op een 'gemakkelijke' en 'veilige' manier, binnen enkele uren op tafel te krijgen wat er speelt. Het levert een soort organisatiediagnose. Niet gemaakt door een adviesbureau, maar door de betrokkenen zelf. Met als uitkomst de agendapunten waaraan gewerkt moet worden.

Door de veilige aanpak komt bijna ook altijd het gedoe op tafel. Is het sociale systeem gezond, of althans niet ernstig ziek, dan wordt veel gedoe al direct tijdens de 'open space' opgelost, eenvoudigweg door het te bespreken. Dikwijls ook verschijnt het als thema op de flappen, en wordt daarmee een agendapunt om aan te werken. Hoe zwaar de punten wegen, wordt direct zichtbaar aan de belangstelling die er voor is. Het enige nadeel van de veilige aanpak is dat die ook veel ruimte biedt voor vluchtgedrag. Dus ook bij open space loop je, in hypergevoelige situaties, de kans dat er niet echt gezegd wordt, wat er wordt gezegd. Maar met een beetje geoefend oor en oog merk je dat. En bijna altijd is er wel iemand die het in de nabespreking constateert.

Gezicht van gedoe (2)

In een bedrijf deden we een 'open space'. Na de open space was het probleem voor iedereen duidelijk: wantrouwen. Ook al had maar een deel van de medewerkers er persoonlijk last van, het hield iedereen gevangen. Velen zagen slechts één oplossing: de directeur ontslaan. Maar is het gedoe dan ook weg?

Ons voorstel: we willen praten. De eerste keer melden zich vier – van de tweehonderd medewerkers. Daarna nodigen we per mail iedereen uit: er komen elf mensen. In een bijeenkomst met hen wijzen de vingers aanvankelijk bijna unaniem richting management. Gaandeweg wordt echter ook duidelijk hoe het sociale systeem in de organisatie versloft is en daarmee niet meer zelfreinigend werkt. Hierdoor krijgen de negatieve geluiden te pas, maar ook te onpas, de ruimte en leggen daarmee de organisatie lam. Het fenomeen doet zich ook tijdens de bijeenkomst enkele malen voor en wordt gaandeweg gemakkelijker te herkennen en te doorbreken. Na deze bijeenkomst roepen de elf medewerkers het gehele personeel bijeen en vertellen wat zij hebben ontdekt. Ze roepen iedereen op oud zeer en wantrouwen bespreekbaar te maken met diegene die het betreft en niet meer elkaar ermee te belasten. Verder stellen ze voor om op vrijwillige basis bijeenkomsten te beleggen om de samenwerking in het bedrijf te verbeteren.

5. *Niet betrekken, maar vertrouwen*

Hand in hand met het adagium dat je draagvlak moet ontwikkelen, gaat de wijsheid dat je 'je mensen bij de verandering moet betrekken'. Dat lijkt vanzelfsprekend. Sterker nog, het 'betrekken bij' is de klassieke manier om draagvlak te verkrijgen. Maar wat is eigenlijk 'betrekken bij'? Als je deze wijsheid goed onder de loep neemt, blijft er weinig van over.

Hoezo, erbij betrekken?

Als met de zin wordt bedoeld dat je de mensen bij de uitvoering van de verandering moet betrekken, dan is het een loze kreet. Het is sowieso onmogelijk mensen anders te laten werken zonder ze erbij te betrekken. Zo kan ze dus niet bedoeld zijn. Als bedoeld wordt dat je goed moet communiceren wat de verandering inhoudt, is er niets mis mee. Dan betekent 'betrekken bij' hetzelfde als 'communiceren over' en dus toelichten of uitleggen. Hoewel, dan hebben we het over een open deur en als je dat te vaak doet spitsen wij toch weer de oren. Gewoonlijk wordt bedoeld dat je mensen moet betrekken *bij de besluitvorming*. Want dat levert draagvlak en acceptatie op, zo is de gedachte. Maar dat wordt meestal niet al te duidelijk gezegd. Vermoedelijk omdat het 'betrekken bij' zodanig moet gebeuren, dat toch wordt besloten wat jij, als management wil.

Het idee achter participatie is dus kennelijk dat het *betrekken bij* leidt tot het *accepteren van*. Dat is echter in de loop der jaren steeds meer een misverstand gebleken. Er is geen rechtstreeks verband tussen betrokkenheid en acceptatie. Lang niet iedereen heeft behoefte om bij de besluitvorming te worden betrokken. Maar word je wel betrokken, dan wil je ook echt meedoen. Blijkt tijdens het besluitvormingsproces dat je weliswaar mag meepraten, maar eigenlijk geacht wordt het met het management eens te zijn, dan kan het betrokken worden zelfs averechts werken. Uitsluitend daarom. Op de keper beschouw wijst het 'er bij betrekken' er dus op dat je als manager je medewerkers eigenlijk niet helemaal vertrouwt. Het verraadt heel fijntjes de al eerder genoemde piramidale preoccupatie: 'hoe krijg ik ze zo gek'. Met alle bijbehorende klassieke beelden over hiërarchie, leiderschap en management. En niet te vergeten het onderliggende mensbeeld over je medewerkers: ze willen niet. En in dit geval ook: ze snappen het niet. We zijn terug bij eerdere hoofdstukken.

Acceptatie van het probleem

De kunst van het op gang brengen van veranderingen zit niet in het verkrijgen van *draagvlak voor de oplossing,* maar in *acceptatie van het probleem.* De primaire voorwaarde om mensen in een verandering mee te krijgen is dat zij het probleem, de noodzaak of wenselijkheid, onderschrijven. Om te beginnen je collega-managers of je bazen. En daarna je eigen mensen. Je kunt pas met hen aan de slag als ook zij inzien dat het zo niet langer gaat, of dat het juist veel beter of mooier kan. Als ook zij zich bewust zijn van de bedreigingen en zwaktes of, veel inspirerender, de kansen en sterktes. Dat is de eerste en ook de meest cruciale stap in het veranderingsproces.

Er zijn tientallen manieren om dat te bereiken, maar de kern daarvan is steeds: *confronteren.* Je mensen confronteren met je eigen zorgen of met je droom, je visie; met klachten van klanten of leveranciers; met behaalde successen of resultaten van een onderzoek; of met een ingrijpende managementbeslissing. Zo'n confrontatie geeft altijd een schrikeffect, gevolgd door ongeloof, onrust, kwaadheid, verwijten, bagatelliseren, en weer later, apathie en berusting. We zeiden het al eerder, dat gebeurt altijd, zelfs als de invalshoek positief is. Daar is niets tegen te doen. Dat mag weerstand worden genoemd, maar nogmaals maak niet de vergissing te denken dat het onwil is. Het is schrik, onzekerheid, angst, zorg. Wees blij met die onrust, want het ergste dat kan gebeuren is ontkenning. Probeer het niet weg te nemen, want die zorg is tegelijkertijd de motor tot veranderen. Kom ook niet direct met oplossingen op de proppen, want in een gezond bedrijf ontstaat al gauw de fase van acceptatie van het probleem en komt er nieuwe energie om het aan te pakken. Dan pas is het moment daar om aan oplossingen te gaan werken.

Beslis ik wel weinig genoeg?

Onze boodschap is: betrek mensen niet bij de verandering, maar ga een stap verder en maak ze er verantwoordelijk voor. Is het probleem eenmaal geaccepteerd, dan is het niet meer nodig om de mensen bij de veranderingen te betrekken. Dat zijn ze al. Dan gaat het erom de verandering aan hen over te dragen. Misschien wel de grootste makke van de cultuur van draagvlak creëren en erbij-betrekken is, dat daarin de *verantwoordelijkheid* is zoekgeraakt. Iedereen moet over alles meepraten en

meent overal over geïnformeerd te moeten worden, zonder dat men kan worden aangesproken op de oplossing. De omgekeerde weg is alleen die mensen bij een probleem te betrekken, die ook kunnen bijdragen aan de oplossing ervan: de probleemhebbers. En die geef je de verantwoordelijkheid om het op te lossen. Doe je dat, dan moet je ook niet meer proberen jouw oplossing door te drukken, te verkopen, of anderszins aan de man te brengen, maar de oplossing durven toe te vertrouwen aan de *probleemhebbers.* Zo creëer je vertrouwen.

Veranderingen komen niet altijd en niet per se van boven naar beneden tot stand. Overal in de organisatie kunnen problemen worden gesignaleerd, initiatieven worden ontwikkeld, acties worden ondernomen. De vraag die managers zich steeds moeten stellen, juist ook als een verandering zich top-down ontrolt, is: wat beslissen we zelf, en wat vertrouwen we toe aan het niveau onder ons? En de beste regel is om je daarbij steeds weer af te vragen: *beslis ik wel weinig genoeg?*

Betrokken door vertrouwen

De kunst is niet om mensen bij de besluitvorming te betrekken, maar om de besluitvorming over te laten aan de betrokkenen.

Mensen erbij betrekken krijgt zo een geheel andere lading: het gaat om het geven en nemen van verantwoordelijkheid. Nog preciezer: aan *wie* vertrouwen we toe om *waarover* te beslissen. Natuurlijk roept dat vragen op over de bekwaamheid en volwassenheid, die je je mensen toedicht, over de relatie die jij met hen hebt en die ze onderling met elkaar hebben, over het vertrouwen dat je in ze stelt en over de loyaliteit die er is. Ook het stellen van dit soort vragen kan gedoe geven. Maar het zijn wel de vragen waar het bij echte organisatieverandering om gaat.

☞ Om los te kunnen laten heb je verbinding nodig.

E = K × A?

Bijna alle seniormanagers en -staffunctionarissen kennen de formule E = K × A. Bedenkers zijn de Amerikaanse management-auteurs Vroom en Yetton, grondleggers van de theorieën over participatief leiderschap in de jaren tachtig en negentig van de vorige eeuw. De theorie gaat over het betrekken van je medewerkers bij de besluitvorming om zo de acceptatie van besluiten te vergroten. Dat 'betrekken bij' kan variëren van meedoen aan de discussies, hun mening vragen, advies laten geven tot volledige groepsbesluitvorming. Volgens Vroom en Yetton is de effectiviteit (E) van een beslissing het product van de kwaliteit (K) van de beslissing en de acceptatie (A) ervan. Bijvoorbeeld: het management kan een kwalitatief heel goede beslissing, ter waarde van 10 punten, willen nemen, maar als de acceptatie daarvan miniem is, 1 punt, of nog erger 0 punten, dan is E = 10 of 0 en doet ze er wijs aan genoegen te nemen met een beslissing, die kwalitatief 5 punten waard is maar 6 punten voor acceptatie heeft, want dan is E = 30.

De achterliggende gedachte van deze theorie is dat participatie weliswaar de acceptatie van de beslissing bevordert, maar dat dit ten koste gaat van de kwaliteit van de beslissing. Participatie is dus eigenlijk een noodzakelijk kwaad. Het is noodzakelijk om het besluit erdoor te krijgen, maar het heeft een prijs, namelijk een kwalitatief minder besluit. E = K × A dient dan ook vaak als een smoes om de geringe kwaliteit van de beslissing te rechtvaardigen. De formule past dus helemaal in de klassieke vooronderstellingen, organisatie en mensbeelden.

Onze opvattingen zijn verwoord in de daar tegenover staande formule kI = kP. Als het proces (P) van besluitvorming goed is, dan is ook de inhoud (I) van het besluit goed. Dus hoe hoger de kwaliteit (k) van het proces hoe hoger de kwaliteit van de inhoud ofwel de uitkomst. De kwaliteit van het proces wordt bepaald door de wijze waarop de deelnemers met elkaar interacteren. Die interactie is goed als mensen open met elkaar communiceren, elkaar testen en uitdagen, elkaars persoonlijke en functionele bekwaamheden waarderen, kunnen omgaan met hun interafhankelijkheden en elkaars posities en verantwoordelijkheden en belangen respecteren.

De overeenkomst tussen de beide formules is, dat een slecht proces, een proces met veel gedoe, ten koste gaat van de kwaliteit van het besluit. Het verschil is, dat wij daaruit niet de conclusie trekken dat je participatie daarom maar zoveel mogelijk moet vermijden, maar dat je een einde moet maken aan het gedoe.

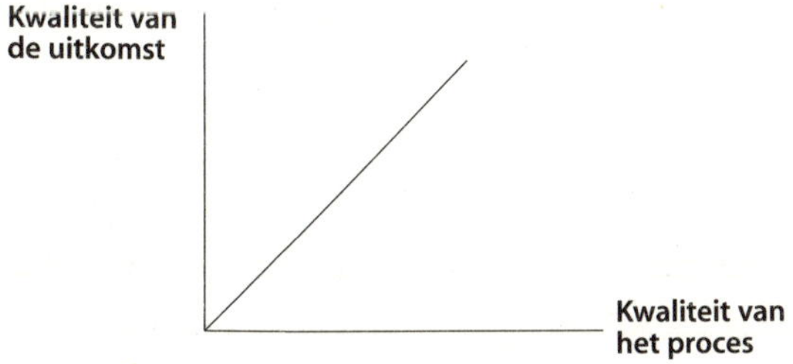

Hoe krijg je het probleem geaccepteerd?

Het blijft ons verbazen dat bestuurders, directeuren en managers het steeds weer als hun eerste verantwoordelijkheid of taak zien om oplossingen te bedenken en die geaccepteerd te krijgen of – erger nog – anderen door de strot te duwen. Het miskent de volwassenheid, bereidheid, verstandelijkheid en kunde van die ander. Managers en directeuren, en zelfs politici zouden hun aandacht meer moeten richten op het geaccepteerd krijgen van het probleem en het met elkaar uitwisselen van dromen over oplossingen.

De directeur van Nedap deed dat 15 jaar geleden (Zie ook: *In plaats van reorganiseren*). Hij durfde het aan om mensen van de toenmalige Nederlandse Apparatenfabriek de wereld rond te sturen om hen in aanraking te brengen met IT-ontwikkelingen die rechtstreeks de bestaansreden van het bedrijf leken te ondermijnen. Domweg omdat hij zelf ook geen oplossing had. Dit had tot gevolg dat begin jaren negentig in heel hoog tempo de omslag kon worden gemaakt van de Nederlandse apparatenfabriek naar het huidige Nedap, een hoogwaardig technologisch, innovatief, kenniscreërend bedrijf.

Softwarehouse X durfde het aan om op een managementconferentie een 'vissenkom' te organiseren, waarin men kon luisteren naar de kritiek van hun grootste klanten. Daarna gingen de managers met deze klanten in gesprek. Het feit dat de managers in dat gesprek gingen bewijzen dat de klanten ongelijk hadden, was wellicht de meest verhelderende ontdekking over wat er in de kern met het bedrijf mis was. De video's van het gesprek maakten dat ook henzelf duidelijk.

Directeur grootaandeelhouder Y kondigde tijdens een bijeenkomst van al zijn teamleiders aan het bedrijf te zullen verkopen, als het wantrouwen dat leefde niet op tafel kwam.

Directeur Z van een op de rand van faillissement verkerend verzekeringsbedrijf bracht het gehele personeel (zo'n honderd mensen) voor drie dagen bijeen in een te klein hotel met de boodschap: 'We gaan hier pas weg als we een oplossing hebben'.

Bank C formeerde teams, liet daarmee het standaard-draaiboek van het hoofdkantoor 'ter implementering van ...teams' voor wat het was, vertelde de teams wat de achterliggende filosofie was en liet vervolgens aan hen over hoe ze de implementatie wilden aanpakken.

6. *De zegen komt niet van boven*

Niet weg te denken in boeken, rapporten, vergaderingen van stuur- of klankbordgroepen over strategieën voor organisatieverandering is de zinsnede 'De top moet erachter staan.' Het is wellicht de meest multi-interpretabele zin van het hele veranderingsjargon. Is het een constatering, een bewering of zelfs een bezwering of gewoon een advies? Of zit er nog heel iets anders achter? Zo'n beroep op de top heeft in ieder geval tot gevolg, dat er aan de machtsverhoudingen niets verandert.

Als de zegen van boven komt

De zin past uiteraard helemaal in het beeld van de organisatie als piramide, de machtscultuur. Wat de gebruikers van de zin er ook mee beogen, het verraadt in ieder geval hun onderliggend mensbeeld, namelijk dat ze geloven dat mensen alleen, of althans het snelst veranderen als het van bovenaf opgelegd wordt. Als de macht het zegt. De klassieke organisatie is op dit mensbeeld gebaseerd. Mensen in zo'n organisatie kijken voortdurend naar boven, juist als het erom spant, maken zich afhankelijk van hun bazen en handelen pas als die expliciet of impliciet opdracht of goedkeuring hebben gegeven. Tegelijkertijd mopperen ze op, of rebelleren ze tegen hun bazen als die autoritair optreden of juist twijfelen, als ze onenigheid hebben of niet het goede voorbeeld geven; dat heet tegen-afhankelijkheid. Maar over hoe de hazen uiteindelijk lopen is men het eens: de macht beslist. De zegen komt van boven. Voor veranderingen in dit soort organisaties zou het dus vanzelfsprekend moeten zijn dat de top erachter staat en hoef je dat niet steeds te zeggen. Als het dan toch voortdurend wordt benadrukt, is er iets aan de hand.

Kijken naar de top

Om te snappen wat erachter zit, is het in de eerste plaats handig te weten hoe degenen die zoiets beweren naar (de top van) die piramide kijken. Grofweg zijn daarin twee varianten. De eerste noemen we de feodale kijk. Daarin is de top de man of vrouw van wie we het moeten hebben en voor wie we het doen. Het is de top, die het beste met ons voor heeft en ziener, alleskunner en betweter tegelijk is. Papa Jan, of Mamma Sylvia. In dat geval is zo'n zin een soort bezwering: als de top erachter staat, dan komt het wel goed. Het vragen naar de houding van de top is het zoeken naar bemoediging, veiligheid, motivatie. Dit is de kijk die je vooral aantreft in pioniersbedrijven en de kleinere familiebedrijven, maar ook nog bij de oudere werknemers van doorgewinterde bedrijven als Hoogovens, Gist Brocades, NS, Stork en Nationale Nederlanden.

De andere variant is de *politieke.* In die kijk is de top weliswaar het hoogste orgaan van de piramide – de lijnorganisatie. Maar er zijn nog allerlei andere partijen – vooral de staven – die meestrijden om de macht en wedijveren in het behartigen van de eigen belangen en die van hun achterbannen. Juist als mensen in zo'n organisatie en met deze kijk een beroep doen op het er achter staan van de top, weet je vrijwel zeker wat er aan de hand is: *gedoe.*

Het misbruiken van de top

Om zicht krijgen op de aard van het gedoe, is het verhelderend te letten op wie zich van dit soort teksten bedient. Als bijvoorbeeld stafmensen, in het bijzonder van Personeel & Organisatie, zoiets zeggen, dan bestaat de kans dat de organisatieverandering door hun eigen afdeling is geïnitieerd. Daarmee is het ook hun probleem geworden en worstelen ze met vragen als: hoe krijgen we de lijnmanagers mee, krijgen we straks wel iedereen naar de cursus, wordt het weer een traject van 'ja' zeggen en 'nee' doen? De top wordt dan aangeroepen als stok achter de deur.

Als het daarentegen de mensen op de vloer zijn, die graag willen veranderen en een beroep op de top doen – rechtstreeks of bijvoorbeeld via de ondernemingsraad – dan kan het heel anders liggen. Mogelijk is het een teken dat ze maar weinig vertrouwen hebben in de veranderingsbereidheid, het verandervermogen of de macht van het middenkader. Dan is het een uitnodiging aan de top om, over de 'leemlaag' heen, een kortsluiting tot stand te brengen met de basis.

En als lijnmanagers het roepen, is de kans groot dat ze er niet gerust op zijn of hun collega's wel meewillen. Of dat ze geen vertrouwen hebben in de wil of de moed van de top. Dan wordt het statement gebruikt om anderen uit hun tent te lokken of, erger nog, om zelf daar lekker in te kunnen blijven. Wellicht willen ze zélf helemaal niet en leiden ze zo de aandacht af.

Hoe dan ook, in een dergelijke context heeft het statement 'De top moet erachter staan' vrijwel altijd een politiek oogmerk. Dikwijls worden de aanhangers van de politieke kijk gesteund door de naïevelingen met de feodale kijk, zonder dat beide partijen zich bewust zijn van de volstrekt verschillende motieven waarmee ze dat doen. Wellicht is dat ook de verklaring voor het almaar weer en overal opduiken van deze *on*zin. In ieder geval is er reden tot waakzaamheid wanneer zo'n statement wordt gebruikt. Vraag door wat er precies mee bedoeld wordt. Dan leer je hoe de diepere verhoudingen in het bedrijf in elkaar zitten. Je hebt bovendien kans het gedoe op tafel te krijgen en het daarna uit de wereld te krijgen. Dat zou wel eens de eerste stap kunnen zijn naar een echte verandering, naar een leuker, volwassener en gezonder bedrijf.

Ben ik als hoogopgeleide vrouw lekker bezig carrière te maken, zit ik bijna bij die top...
Is daar dat glazen plafond!
En wat doet een ambitieuze vrouw met dat plafond?
Streeploos zemen?

Het gebruik van macht roept macht op

Als je toe wilt naar een organisatie, gebaseerd op principes als volwassenheid, zelfstandigheid, eigen verantwoordelijkheid, onderlinge gelijkwaardigheid, zelfsturing, vraagsturing, professionaliteit, dan is het doen van een beroep op de top op zijn minst onhandig en dikwijls funest. Natuurlijk is het niet onverstandig je als manager er vooraf van te vergewissen hoe een beoogde verandering op hogere niveaus, bij je meerderen, zal vallen. Want het is op zijn minst prettig als zij erachter staan. Maar het moet niet de reden zijn om de verandering gedaan te krijgen. Goede managers checken wel wat de top er van denkt, maar praten er nauwelijks over.

Wie macht gebruikt om te veranderen, houdt in ieder geval de macht in stand.

De netwerkorganisatie: een verstrengeling van relaties en betekenissen

Naast de klassieke organisaties ontwikkelt zich een heel andere wereld. Een wereld van dienstverlening, adviseren, ontwerpen, onderzoeken, bouwen, innoveren; van professionaliteit en vakmanschap; van veelsoortige samenwerkingsverbanden, teamwork, partnerschappen, projecten, joint-ventures; van uitzendbanen, job-hopping, free-lancing, deeltijdklussen. Een wereld waarin het beeld van organisaties niet een piramide en een machine is, maar meer heeft van een tuin, een marktplaats, een jungle, een hypertext. *Een netwerk.* Waarin de ordening veel meer door het maken van onderlinge afspraken tot stand komt en veel minder door het van bovenaf dicteren van uniforme voorschriften. Afspraken, die tot stand komen vanuit wederzijds belang, omdat twee samen meer weten of kunnen dan ieder afzonderlijk. Juist omdat mensen verschillen!

In dit soort organisaties gaat het er niet meer om hoe je

mensen 'zo gek' krijgt, maar hoe je met elkaar richting houdt, wie je met wie laat werken en waarmee je mensen kunt boeien of binden. Organisaties waarin de veranderingen juist ontstaan bij en uitgevoerd worden door de vaklui, de kenniswerkers, de professionals. Waar managen bestaat uit verantwoordelijkheden beleggen, opdrachten formuleren, contracten sluiten en verbindingen tot stand brengen. Ook in deze organisaties zijn er hiërarchische niveaus. Maar de functie van hiërarchie is dan om op een hoger niveau de verbindingen te leggen en de condities en contexten te creëren, die de mensen daaronder in staat stellen zo goed mogelijk hun klus te klaren. En dus niet om naar beneden door te drukken wat boven is beslist. Op de hogere niveaus wordt beslist wat op het lagere niveaus niet of minder kan. Delegeren wordt een opwaarts proces.

Een verstrengeling van activiteiten, relaties en betekenissen

De klassieke definitie van een organisatie is zoiets als een doelgericht geordend geheel van taken en bevoegdheden van medewerkers en managers. Kern daarvan is dat als elk individu doet wat in zijn taakomschrijving staat en zich houdt aan zijn bevoegdheden, het vanzelf goed komt. Aangenomen dat het organisatieontwerp klopt.

Hiertegenover staat een geheel andere definitie, waarbij een organisatie *een verstrengeling is van activiteiten (het werk), relaties en betekenissen.* Een definitie die focust op het met elkaar samen-werken. Organisatieverandering, anders werken, is een proces waarin mensen (nieuwe) bindingen met elkaar aangaan, betekenissen uitwisselen en creëren. Deze bindingen en betekenissen bepalen hoe de activiteiten worden aangepakt en dat heeft weer invloed op nieuwe bindingen en betekenissen.

Als een van de drie dimensies verandert, veranderen ze allemaal.

De 'wees-spontaan'-paradox
Ook als de inzet is om macht af te staan en over te dragen, moet je vermijden om macht te gebruiken. Hoe subtiel je het ook doet, je raakt verzeild in allerlei varianten van de 'wees-spontaan'-paradox: wees zelfstandig, gedraag je volwassen, neem je verantwoordelijkheid.

In zo'n uitroep, die ook altijd het karakter heeft van een gebod, zitten twee boodschappen: je geeft aan wat je graag wilt van die ander en verwijt hem tegelijkertijd dat hij dat niet doet of is. De enige manier om verantwoordelijke, volwassen, initiatiefrijke medewerkers te krijgen is hen als zodanig behandelen.

De leemlaag
Niet zelden is men het er in de top van een organisatie over eens dat het middenkader de bottleneck in het veranderingsproces vormt. Met het woord 'leemlaag' wordt dan ook het middenkader bedoeld. Dus wordt vaak geprobeerd deze laag te passeren en rechtstreeks een coalitie met 'de vloer' te sluiten.

Het meest bekende voorbeeld is nog steeds Jan Carlzon, CEO van de Scandinavische Luchtvaartmaatschappij SAS, die rechtstreeks ging communiceren met de stewardessen. Deze case is bekend geworden door zijn boek *Moments of Truth.* Hoe bewonderenswaardig zijn poging ook was, toch klopte ze niet. Want het middenkader zit er nog steeds.

Als het middenkader echt de leemlaag is, kun je als top niet anders doen dan deze verwijderen. Maar die conclusie durft men zelden te trekken. Carlzon deed het ook niet en wilde wellicht het middenkader veranderen door de stewardessen voor zijn kar te spannen. Maar dan wordt het een politiek spel, waar dat middenkader uiteraard politiek op gaat reageren. Vandaar ook dat het (nog meer) een leemlaag wordt .

De mislukte fusie

Op de tweede dag van de conferentie deden we even een 'buitenspelletje'. De deelnemers waren lacherig en maakten er een potje van. Op zich niet erg, maar het leek alsof dat niet gezegd mocht worden. Sterker nog, toen we ze vroegen om zichzelf op een schaal van 1–10 een cijfer te geven, scoorde iedereen tussen de 7 en de 9. Desgevraagd gaven wij een 4. Het werd eerst doodstil en vervolgens gaf de directeur te kennen ons 'nare spelbrekers' te vinden. Meer zei hij niet en een van de jonge medewerkers, die nog wilde roepen dat wij helemaal gelijk hadden, hield schielijk zijn mond. Deze conferentie was duidelijk mislukt.

Bijeen waren twee keer vijftien accountants van twee verschillende afdelingen. Die hadden besloten om samen te gaan in een nieuwe dienst. De twee directeuren spraken nadrukkelijk over een fusie, geen overname. Doel van de conferentie was met elkaar te bespreken hoe de integratie moest verlopen en de samenwerking gestalte moest krijgen. Verwacht werd dat er nog wel wat oude akkefietjes tussen mensen opgelost zouden moeten worden en enkele ego's zich nog even aan elkaar zouden schuren, maar dat de lust tot samenwerken zo groot was, dat er na de onvermijdelijke 'stormingsfase' snel iets moois zou groeien. Daarom was gekozen voor een model met twee nachten: de eerste om akkefietjes weg te werken, de tweede om het samengaan te bezegelen en met goede werkafspraken te onderbouwen. Vlak voor de start van de conferentie gaf de hoofddirecteur van de sector waarin de nieuwe dienst zou worden ondergebracht en tevens de baas van een van de twee directeuren, te kennen ook de conferentie graag te willen bijwonen. Uiteraard als waarnemer, beloofd! Wij gingen daarmee, zonder diepergaand gesprek, akkoord. Naar later bleek: fout!

De eerste dag van de conferentie begonnen we met een simulatie waarin een integratieproces werd nagebootst.

Doel was om een gezamenlijke ervaring op te bouwen waaraan in de rest van de conferentie kon worden gerefereerd. Al direct in de nabespreking gingen, zoals verwacht of in ieder geval gehoopt, de ego's met elkaar 'aan de slag'. Pittig, maar niets mis mee. Tot de hoofddirecteur met nauwelijks ingehouden woede uitriep: 'Als het zo moet, kom je maar solliciteren!' Op ons aandringen heeft hij de volgende ochtend nog wel iets van zijn uitspraak teruggenomen, maar weinig. Te weinig om het massaal ondergronds gaan van alle deelnemers te voorkomen. Eigenlijk was toen de conferentie al mislukt.

In een nagesprek enkele weken later vertelde de hoofddirecteur dat diverse medewerkers minder gemotiveerd waren of zich ziek hadden gemeld of zelfs de dienst gingen verlaten. Het waren volgens de hoofddirecteur niet de slechtste die vertrokken en hij leek ons de schuld te geven. Boeiende vraag: waarom hielden ze zich op die conferentie gedeisd, althans publiekelijk?

7. *Veranderen in plaats van reorganiseren*

Misschien wel het meest essentiële en fundamentele kenmerk van het klassieke paradigma is het scheiden van denken en doen; en van denkers en doeners. Plus, en dat is even belangrijk, het stellen van denken en denkers boven doen en doeners. De hieruit resulterende wijsheid, die het hele doen en laten beheerst is: *eerst denken, dan doen.*

Reorganiseren: eerst denken, dan doen

De gangbare manier van organisatieverandering in een bureaucratische organisatie is een reorganisatie. Het woord betekent letterlijk het opnieuw opzetten van je organisatie. Daarbij wordt onder organisatie verstaan het gegroepeerde geheel van taken en bevoegdheden van medewerkers en managers. Dat het woord reorganiseren bij het publiek vaak nog een andere betekenis heeft komt omdat reorganisaties vaak gepaard gaan met collectieve ontslagen.

Reorganiseren bestaat uit twee grote fases: de ontwerpfase en de implementatiefase. De eerste fase, waarin een ontwerp wordt gemaakt van de nieuwe organisatie, is de *denk*fase. Die wordt gedaan door de mensen van de staf: de denkers. In de tweede fase wordt getracht dit ontwerp in te voeren: de implementatie ofwel de *doe*fase. Dat is de werkelijke verandering, die moet worden gedaan door de mensen in de operaties: de doeners. Vrijwel alle boeken, rapporten en stappenplannen over en voor veranderingsmanagement zijn gebaseerd op dit basispatroon.

De kern van reorganiseren is de scheiding van het reorganiseerproces en het gedragsveranderingsproces. De denkers maken de verandering, maar ondergaan die niet. De doeners maken de verandering niet, maar ondergaan hem wel. De echte kunst van verandermanagement is de *implementatie* en die houdt min of meer in de doeners zo gek te krijgen om te doen wat de denkers hebben bedacht. Dikwijls wordt daarvoor een afzonderlijke manager aangesteld, de veranderingsmanager.

Bij organisatieveranderingen wordt vaak nogal wat overhoop gehaald wat betreft gewoontes, patronen, relaties, machtsverhoudingen en groepsvorming. Terwijl er bovendien ook bijna altijd mensen aan de kant worden gezet. Er is kortom, grote kans op veel gedoe. Het voorkomen daarvan is ook de belangrijkste reden dat men voor reorganisatie als aanpak kiest. Want het grote voordeel daarvan is dat je maximale beheersing hebt van zowel de uitkomst als het proces. En dus zo min mogelijk gedoe, althans, expliciet gedoe. Dus, beter gezegd, het biedt de grootste kans om gedoe onder de tafel te houden.

Doeners kunnen ook denken

Moderne bedrijven zullen in toenemende mate vastlopen met het scheiden van denken en doen. Ten eerste past het niet meer bij de huidige mensen die in organisaties werken. Het stamt uit de tijd dat grote organisaties moesten worden gerund met mensen die in overgrote meerderheid alleen maar wisten te doen en letterlijk niet hadden geleerd te denken. *Die tijd is allang voorbij.* Zeker in de westerse wereld, waar men tot minimaal 16 jaar naar school gaat. Hiermee hangt direct samen dat bedrijven steeds minder ongeschoolde arbeidskrachten nodig hebben. De denkers hebben in de loop van de tijd het doeproces zodanig weten te rationaliseren, dat men er steeds meer in geslaagd is ongeschoold werk verder te 'machineren': eerst mechaniseren, daarna automatiseren en nu vooral robotiseren. En waar dat niet lukt, brengen we werk naar lagelonenlanden. Het gevolg is dat in de westerse bedrijven het overgrote deel van het werk (weer) *ambachtelijk* en *professioneel* van aard is.

Volgens mij is bij mijn bedrijf een reorganisatie in aantocht.
Waarom denkt u dat?
Ik heb er een soort antenne voor ontwikkeld. Een kwestie van letten op kleine signalen.
Dit is mijn werkplek.

Leren is al doende denken en al denkende doen
Vooral westerse, dienstverlenende bedrijven moeten het steeds meer hebben van hun vermogen om te pro-ageren, kennis te maken, te innoveren, te creëren. Juist zij hebben daar de mensen voor. Dat vereist een *lerende organisatie.* Leren is een *cyclisch proces* van doen ➠ bezinnen ➠ denken ➠ beslissen en weer ➠ doen. Zo worden mensen bekwaam.

Leercyclus van Kolb

Je leert door iets wat je weet, ook te doen. Dan krijg je terugkoppeling op wat je deed en kun je voor jezelf bepalen of het goed was wat je wist of deed. Je kunt pas weten wat je doet, als je het hebt gedaan. Hoe vanzelfsprekend deze gedachtegang ook is voor de huidige Nintendo-generatie, voor onze generatie is het min of meer een mentale revolutie. Wie leest niet eerst de gebruiksaanwijzing voordat hij begint te morrelen aan een apparaat? Kern van die revolutie is dat degene die doet, ook zelf daarover bezint, en nadenkt en beslist hoe het de volgende keer beter te doen.

Voor het leren van groepen of teams en van organisaties geldt precies hetzelfde. Laat een team dat iets moet doen zelf beslissen hoe het dat doet, vervolgens bezinnen, analyseren en beslissen hoe het volgende keer beter kan. Dat is de kern van het zelfsturend zijn van een team. Voor teams die met elkaar samenwerken en zo een organisatie vormen, geldt opnieuw hetzelfde. Met als extra moeilijkheid dat men nu ook tussen de teams verbindingen moet gaan leggen, interacteren en afspraken maken.

Leren van je klanten

De klassieke bureaucratieën zijn aanbodgestuurde organisaties. Als eenmaal is vastgesteld of er voor een bepaald product voldoende markt is, dan gaat het er daarna om dit product zo efficiënt mogelijk – en dus in zo groot mogelijke aantallen – te produceren. Meer van hetzelfde en zo lang mogelijk. Conform de methodes en regels die de denkers bedacht hebben en het toezicht dat de bazen daarop uitoefenen. Doen, leren en veranderen worden hiërarchisch gestuurd. Vooral in de dienstverlening is er al jaren een ontwikkeling in de richting van *vraaggestuurd* opereren. Een dienst kun je definiëren als een product dat wordt gemaakt door klant en leverancier samen. Bedrijven gaan met hun klanten of hun leveranciers, partnership-relaties aan. Klanten en leveranciers worden dan als het ware betrokken in het leerproces van je organisatie en omgekeerd wordt jouw organisatie betrokken in dat van de klanten. Doeners en denkers van beide partijen – leveranciers en klanten – gaan gezamenlijk een leerproces aan. Het zijn partijen die niet in een hiërarchische relatie tot elkaar staan, maar 'nee' tegen elkaar kunnen zeggen. Het gevolg is dat niet alleen de producten en werkwijzen van je eigen bedrijf voortdurend veranderen, maar dat omgekeerd daardoor ook weer de vraag en de behoeften van je klanten veranderen.

De toekomst komt steeds sneller op ons af

De *snelheid* waarmee veranderingen zich voltrekken is wellicht de belangrijkste ontwikkeling die de klassieke scheiding tussen denken en doen onder druk zet. Niet zozeer de ingrijpendheid van de veranderingen, als wel het tempo ervan is een van de meest essentiële kenmerken van deze tijd. Reorganiseren op de klassieke manier kost veel tijd. Zoveel tijd dat wanneer de implementatie is voltooid, de omgeving vaak alweer is veranderd. Je loopt met reorganiseren achter de feiten aan. Daarom volgen reorganisaties elkaar ook steeds sneller op. De basisgedachte achter een reorganisatie is, dat er na de implementatie weer een periode van rust, van 'meer van hetzelfde' komt. Vandaar het belang van het zorgvuldig en gedetailleerd ontwerpen van de nieuwe gewenste organisatie. Van die gedachte komt in de praktijk steeds minder terecht. Je zou kunnen zeggen dat de zich steeds sneller aandienende noodzaak tot reorganiseren een signaal is om ermee te stoppen. Omdat het kennelijk niet meer werkt.

Het klassieke organisatie- en managementparadigma, met zijn scheiding tussen denken en doen, gaat uit van de maakbaarheid van de wereld, de voorspelbaarheid van de toekomst en de eenvormigheid van grote groepen klanten/afnemers. Dat is al nooit zo geweest, maar wordt door de veelheid en vooral de snelheid van veranderingen alleen nog maar moeilijker. De onvoorspelbaarheid neemt nog eens extra toe naarmate je je meer wilt en durft laten sturen door je klanten. Dan bepalen niet alleen je eigen interne horizontale interacties, maar ook die met de externe partners de uitkomst.

Als reorganiseren niet meer helpt

Als je merkt dat reorganiseren niet meer helpt, is het wellicht tijd om naar een ander type organisatie te gaan. *Stop dan met reorganiseren.* Begin op een andere manier te veranderen. De essentie van die nieuwe aanpak is drieërlei:

- Maak van het veranderen een cyclisch proces van doen ➠ bezinnen ➠ denken ➠ beslissen ➠ weer doen (Kolb) enzovoorts. Hanteer de leercyclus
- Verbreek de boven-onderschikking tussen denken/denkers en doen/doeners
- Leg de verantwoordelijkheid voor de verandering bij degenen die het moeten doen.

Ofwel: maak korte metten met de regel 'Eerst denken, dan doen'. Want die klopt niet. De fout zit in het woordje 'eerst'. Hoezo eerst? Zo'n andere manier van veranderen geeft uiteraard wel meer gedoe. Vooral met de denkers, de stafafdelingen dus! Als je dat niet aandurft, of je wilt niet echt veranderen: blijf dan vooral reorganiseren!

☞ Reorganiseren maakt meer kapot dan je lief is.

De autofabriek

Vorig jaar bezochten we de autofabriek van Volvo te Gent. Fascinerend. Hier was het ideaal van de klassieke organisatie gerealiseerd. Enkele duizenden arbeiders voerden uiterst gedisciplineerd elk hun eigen taak uit. Maar wel zodanig dat de handeling van de een perfect aansloot bij die van de ander. Het leek soms bijna ballet. En als er een ander type auto gemaakt moest worden en dus 'de organisatie' moest worden veranderd, werd even door de manager van elke werker de hersenpan gelicht – om de *mindset* aan te passen – waarna iedereen weer braaf met zijn nieuwe taak aan het werk ging.

Twintig jaar eerder, toen het lopende-bandwerk nog niet door robots werd gedaan, was ik ook al eens in een soortgelijke fabriek. Die stond bekend om de zeer hoge snelheid van zijn lopende band. Het geheim was dat de bedrijfsleider werknemers van verschillende nationaliteiten naast elkaar aan de band plaatste en zo voorkwam dat ze met elkaar gingen praten.

De biofabriek

Enkele jaren geleden had de directie van een 'hightech' biotechnologisch bedrijf het lef om gedurende drie dagen zijn 'plant' helemaal stil te leggen. Om over te schakelen van een zogenaamd (aanbodgestuurd) productiebedrijf naar een (vraaggestuurd) procesbedrijf. Drie dagen lang hadden we alle honderd medewerkers, van top tot basis, bijeengebracht in een 'ontspanningsoord' om de omslag met elkaar gestalte te geven. De eerste dag werd een simulatiespel gespeeld, waarin de hele omslag plus de gewenste situatie werden nagebootst. Doelen: elkaar beter leren kennen (relaties verstevigen en ontwikkelen) door met elkaar te praten over hoe je dingen met elkaar doet en hoort te doen (betekenissen uitwisselen) en wat er gebeurt als daarin verandering wordt aangebracht. De bedoeling was zoveel wederzijds begrip op te bouwen om de volgende dagen goede werkafspraken met elkaar te kunnen maken. En vooral om af te spreken hoe je met elkaar afspraken moet maken.

Van oudsher was de goed geoliede fabriek met al haar voorgeschreven *best practices* het prototype van het klassieke management. Het probleem was echter, dat men gaandeweg steeds meer maatwerk moest gaan produceren en dus dat regels voortdurend moesten worden aangepast. Dat leidde tot steeds meer gezeur naar de regelgevers, het aan de laars lappen van de regels en het over de schutting gooien van problemen. Met als gevolg dat zaken verslonsden en op een laag pitje kwamen te staan, medewerkers afhaakten of zich ziek meldden. En vooral dat 'ze' zware kritiek te verduren kregen: van de leiding en de regelneven. Al doende werd duidelijk dat de kern van de drie dagen was om, waar het ging om de manier van werken, van een van bovenaf gedicteerd regelsysteem te komen tot een systeem van onderlinge afspraken. Van *regel-gestuurd* naar *afspraken-gestuurd*. De aard van de relaties tussen de van elkaar afhankelijke afdelingen werd opnieuw gedefinieerd en er werd uitgewisseld wat men op relatieniveau van elkaar verlangde. Daarna konden we beginnen met het maken van onderlinge werkafspraken. De fabriek ging 's maandags weer open, draaide helemaal anders en vrijwel in een keer goed.

Van regels naar afspraken

Het essentiële verschil tussen een regel en een afspraak zit 'm niet in de inhoud ervan, maar in de wijze waarop ze tot stand komt. Een regel wordt door iemand bedacht voor anderen. Zodra een regel is bedacht, zit je dus met het implementatie vraagstuk (hoe krijg ik ze zo gek?) en het controlevraagstuk (hoe zorg ik dat ze zich aan de regels houden?). Een afspraak daarentegen is het resultaat van een overeenkomst tussen gelijkwaardige partijen, 'op ooghoogte' met elkaar gemaakt; elke partij kan 'ja' of 'nee' tegen elkaar zeggen. Een afspraak kan alleen door diezelfde partijen worden gewijzigd, bijvoorbeeld wanneer er iets fout is gegaan of omdat de (wensen van de) klant(en) zijn veranderd of omdat er inmiddels betere oplossingen mogelijk zijn.

Partijen kunnen alleen goede afspraken met elkaar maken als helder is in welke relatie ze tot elkaar staan. Het maakt nogal verschil of het een *hiërarchische* relatie is, dan wel een *partnership*-relatie of een (interne) *klant-leverancier* relatie. De afspraken zijn altijd op twee niveaus: dat van de inhoud en dat van de relatie. Gedoe zit uiteraard op relatieniveau. Een heel eenvoudig, maar krachtig middel om ook op relatieniveau tot een goed psychologisch contract te komen is door partijen (individuen of groepen) over en weer te laten uitwisselen wat ze op gedragsniveau van elkaar willen: 'Om onze taak (of verantwoordelijkheid) zo goed mogelijk te kunnen uitvoeren (of waar maken), zouden wij willen dat jullie (volgen scherp omschreven gedragingen) vaker doen, want dat helpt ons. En (idem) niet meer doen, want daar hebben wij last van. Het mooie van deze oefening is dat men zowel werkafspraken maakt, als feedback aan elkaar geeft. Niet om de ander iets te verwijten, maar om samenwerking te verbeteren door voor zichzelf iets te vragen.

8. *Cultuur is er niet om te veranderen*

Wij worden geregeld ingeschakeld door bedrijven op het moment dat een reorganisatie al achter de rug is. De nieuwe structuur is klaar, *nu de cultuur nog*. En daar wil men onze hulp bij. De onderliggende opvatting is kennelijk dat *eerst de structuur* moet worden veranderd en *daarna de cultuur*. Zeker weten dat je dan met een klassieke reorganisatie te doen hebt, ondanks het moderne cultuurjasje. Het is een voortzetting van het gebod: eerst denken, dan doen.

En nu de cultuur nog

Tot aan de jaren negentig werd nog algemeen gedacht dat het veranderingskarwei zo goed als geklaard was wanneer de nieuwe structuur eenmaal zou zijn geïmplementeerd. Misschien nog een enkele training om de nieuwe systemen of procedures onder de knie te krijgen, maar daarna zou alles weer lopen als vanouds.

Tegenwoordig komt in de meeste bedrijven na de structuurverandering pas het echte werk: de cultuurverandering. Een proces, dat jaren in beslag kan nemen. In de praktijk betekent het veranderen van de cultuur vrijwel steevast dat we met zijn allen 'op cursus' gaan, de hei op of het bos in. Te beginnen bij 'de top' uiteraard, want die moet het goede voorbeeld geven. Daarna het middelmanagement en ten slotte de medewerkers; laag voor laag dus. Iedereen moet er naar toe. Doel is om met elkaar de ontworpen nieuwe cultuur te leren, die hoort bij de nieuwe structuur. Waar het om gaat is een verandering van 'de mindset'. Want cultuur zit in je hoofd, en wel tussen je oren, zo is de redenering. Het zijn je opvattingen aangaande goed en kwaad (waarden) en wat hoort en niet hoort (normen). Wil je blijvende verandering bereiken, dan moet je dus proberen die te beïnvloeden. Kortom het doel is: indoctrineren.

Meer van hetzelfde en geen gedoe

Eigenlijk pakt men zo'n cultuurverandering precies zo aan als een structuurverandering. Opnieuw is er eerst een denkfase, waarin door de denkers een nieuwe cultuur wordt ontworpen, inclusief een bijbehorend opleidingsprogramma. Vervolgens komt de implementatie, waarin de doeners en hun bazen, van boven naar beneden, door dit programma worden gehaald. Een top-down programma, dat door de scheiding van denken en doen niet anders dan een belerend programma kan zijn, geheel passend in de klassieke bureaucratie.

Net als bij een structuurverandering, is ook hier de diepere reden voor zo'n aanpak het willen beheersen van zowel de uitkomst als het proces. Angst voor gedoe. Daarom hebben dit soort in company-courses bijna altijd iets verwrongens. De boodschap, verscholen in de opzet van de cursus en vaak ook in de opdracht aan de cursusleiders: geen gedoe. Of in ieder geval: gedoe onder tafel. Inhoudelijk gaat de cursus echter over onderwerpen als klantgerichtheid, veranderingsbereidheid, eigen verantwoordelijkheid, zelfsturing, flexibiliteit, leren en innoveren. Thema's die juist uitnodigen om het gedoe met elkaar te bespreken en daarmee haaks op de gelaagde aanpak staan. Hier treedt weer het adagium *the medium is the message* in werking: de principes onder de aanpak – geen gedoe – domineren de inhoud van de cursus en bepalen de uitkomst: er gebeurt dus niets. Want het onder tafel houden van gedoe is vaak een van de belangrijkste redenen om niet te veranderen, te leren, te innoveren en verantwoordelijkheid te nemen of te geven.

De paradox: het veranderen van de stabiliteit

Boven beschreven cultuurveranderingen passen, net als de structuurverandering, helemaal in het klassieke paradigma. Door deze manier van veranderen geef je impliciet aan dat je toe wilt naar (een nieuwe) stabiliteit. Naar een organisatie met als kernwaarden continuïteit, orde en harmonie. Dat is de boodschap die in de aanpak ligt besloten. Structuur is het geheel van min of meer vastliggende posities en onderlinge horizontale en verticale verhoudingen. De functie van structuur is, bijna *qualitate qua*, het garanderen van de continuïteit en de stabiliteit. Cultuur – het geheel van gedeelde overtuigingen, waarden en normen – heeft dezelfde functie: ondersteunen wat als duurzaam gewenst gedrag wordt gezien. Structuur en cultuur bewerkstelligen permanentie en voorspelbaarheid in collectieve gedragingen in het algemeen en van sociale interacties in het bijzonder.

Ooit vatte iemand dit prachtig samen: *structuur en cultuur is gestold gedrag*. Met zo'n klassieke structuur- en cultuuraanpak probeer je eigenlijk gedrag te veranderen door een nieuwe stabiliteit op te dringen. Dat is een paradox.

Cultuurveranderingen gaan juist heel snel

Dit soort programma's kunnen jaren worden volgehouden – dikwijls met heel weinig resultaat. Het excuus is dan vaak dat 'cultuurveranderingen nu eenmaal langzaam gaan'. *Onzin.* Echte cultuurveranderingen gaan juist heel *snel.* Het kenmerk van cultuurveranderingen is het crisiskarakter ervan. Ze gaan steeds gepaard met veel gedoe: meningsverschillen, conflicten, ruzie, politiek geharrewar, machtsvertoon, oproer, tot soms zelfs oorlog. En ze gaan ook altijd hand in hand met veranderingen in de structuur. Die crises vormen naderhand de gedenkwaardige momenten uit de geschiedenis van een bedrijf, stad of land; juist omdat er zo plots zulke ingrijpende veranderingen plaatsvonden. Een tv-uitzending van Mies Bouwman veranderde de hele notie die we hebben van gezag en gezagdragers. Na de uitvinding van de pil voltrok zich op seksueel gebied in tien jaar tijd een ingrijpender verandering dan in de duizend jaar daarvoor. De aanslag op de Twin Towers veranderde binnen enkele dagen onze kijk op politieke verhoudingen in de wereld en de gevaren die de wereldvrede bedreigen.

In organisaties is dat niet anders. Ieder iets langer bestaand bedrijf kent zijn cruciale momenten waarin collectieve ge-

dragspatronen, verhoudingen en achterliggende opvattingen plotsklaps ingrijpend veranderden. En ook hier is veelal een ingrijpende gebeurtenis de katalysator: een mislukte overname, een ontdekte fraude, een onverwacht succes, een nieuwe CEO, het verlies van klanten. Het crisisachtige van cultuurverandering zit als het ware in haar functie besloten: het niet meer kunnen bewerkstelligen van continuïteit.

Cultuur is gestold gedrag. Zolang dat gedrag functioneel is, verandert dit gedrag en de achterliggende waarden en normen nauwelijks. Of zodanig geleidelijk dat het pas opvalt als we terugkijken. En dat is ook precies de bedoeling van cultuur. Totdat er zich ontwikkelingen voordoen, waardoor dit gedrag niet meer vanzelfsprekend is, disfunctioneel of ongewenst wordt. Dan kan het zover komen dat achterliggende normen en waarden ter discussie worden gesteld en moeten worden opgegeven en vervangen. En dan is er crisis met veel en vaak heel ingrijpend gedoe. Maar wanneer de vernieuwende krachten en machten eenmaal hebben gewonnen, gaan daarna de veranderingen heel snel.

Eigenlijk is het beter niet te spreken van cultuurverandering, maar van cultuurvervanging: er is sprake van een breuk. Elementen van de oude cultuur – een bepaalde waarde of enkele normen – worden vervangen door nieuwe. Die breuk gaat onvermijdelijk met gedoe gepaard. Dat is de paradox van de klassieke aanpak die gedoe probeert te voorkomen en dus echte cultuurverandering belemmert. Want hoe beter dat lukt, des te minder er verandert.

Cultuurverandering is gedragsverandering

Hou op met praten over veranderen van de cultuur. Ten eerste bestaat 'de' cultuur niet. Wat bestaat en vatbaar is voor verandering zijn een of enkele opvattingen, waarden of normen. Ten tweede gaat het primair om gedragsverandering en niet per se cultuurverandering. Immers, organisatieverandering is aan de orde als we de dingen niet meer goed doen of niet meer de goede dingen doen. Andersom geformuleerd: als we dingen beter kunnen doen of betere dingen kunnen doen. Het gaat steeds om anders handelen: om *gedragsverandering*. En wel om verandering van op elkaar afgestemd gedrag – samenwerkingsgedrag – van een aantal mensen: *collectieve* gedragsverandering. Die gedragsverandering is uiteindelijk de lakmoesproef voor de gehele verandering.

Welnu, als het gaat om gedragsverandering, waarom dan niet gewoon met gedrag beginnen en de vraag stellen: *Wát doen wíe niet goed?* En niet de omweg maken via structuur en cultuur. Je weet niet of het helpt, in de zin dat het ook tot ander gedrag leidt en ook niet wat je overhoop haalt of weggooit. Gedrag is concreet en corrigeerbaar, het (gewenste dan wel ongewenste) effect is zakelijk aantoonbaar, je kunt het leren en er mensen op aanspreken. Begin dus maar met het met elkaar afspreken van andere werkwijzen en spelregels. Maak er een gezamenlijk leerproces van. Al doende zal wel blijken of, waar en in hoeverre verandering in de structuur en cultuur nodig is.

☞ Cultuurverandering is te vaak niet meer dan denken over anders doen.

Niveaus van veranderen

In theorieën die organisatieveranderingen zien als collectieve leerprocessen, als gedragsveranderingsprocessen waarbij je met en van elkaar leert, praat men niet graag over cultuur en cultuurverandering. Liever werkt men met het begrip verander- of leerniveaus. Dat geeft aan op welk niveau van interactie men met elkaar aan de slag moet als zich in het leerproces struikelblokken voordoen. Daarbij kunnen drie niveaus van leren worden onderscheiden: enkelslag, dubbelslag en drieslag leren.

Het minimum dat nodig is om te kunnen spreken over het bestaan van 'organisatie', is dat er gezamenlijk *afspraken* (expliciet of impliciet) zijn gemaakt over wie wat en hoe doet. Als die afspraken van bovenaf zijn opgelegd, noemen we ze *regels*. Het is het geheel van taakomschrijvingen en taakverdelingen, procedures, instructies, maar ook van de onderliggende ongeschreven regels over hoe je met elkaar het spel speelt. Enkelslag leren beweegt zich op het niveau van het veranderen van die regels. Veranderen gaat dan over 'hoe-vragen'. Veranderingen spelen zich vrijwel uitsluitend af op het doeniveau: verandering van gedrag. Voor veel veranderingen is dat ook voldoende. In ons boek *Lerend organiseren* noemen we dit soort veranderingen *verbetering*.

Die regels zijn op hun beurt gebaseerd op redeneringen, *inzichten en theorieën* over managen en organiseren: samenwerken. Als ook deze inzichten ter discussie staan, is er sprake van tweeslag leren. Veranderen gaat dan ook over het met elkaar bespreken van 'waarom-vragen' en dat kan leiden tot wezenlijke veranderingen in onderlinge verhoudingen en interactiepatronen. Dit noemen we *vernieuwing*.

Om te kunnen veranderen is het soms nodig dat ook de dieperliggende *principes* aan de orde komen: 'waartoe-vragen'. We spreken dan van drieslag leren: *ontwikkeling*. Ze betreft de diepere waarden, die de identiteit van het bedrijf verwoorden. Dan staat wellicht de missie van het bedrijf ter discussie.

Van 'ja' zeggen naar 'ja' doen

December 2003 kondigt Koos van der Steenhoven, sinds drie maanden secretaris-generaal van het ministerie van Onderwijs, Cultuur en Wetenschappen, een ingrijpende reorganisatie aan. De cultuur van 'ja' zeggen, maar 'nee' doen, moet om. Voor deze omslag trekt hij vijf jaar uit. Drie fouten op een rij. De eerste en grootste is om door middel van een reorganisatie een cultuuromslag te willen bereiken. Reorganisatie is niet het middel om een cultuur te creëren waarin mensen weer gaan zeggen wat ze denken. Een reorganisatie is bij uitstek een manier van veranderen waarin men veranderingen door de strot geduwd krijgt en het niet verstandig is te zeggen wat men denkt. Bovendien is reorganiseren prutsen aan de structuur, aan 'de hark'. Maar het ging toch om de cultuur? Of is de reorganisatie eigenlijk een sanering? Als het om de cultuur gaat, waarom dan niet rechtstreeks die aanpakken? Maak er vanaf nu een punt van als zich weer een geval van 'ja' zeggen 'nee' doen' voordoet. Zoek met elkaar uit waarom dat gebeurt. Probeer een ieders doe-theorieën op tafel te krijgen. Dat alleen al is een cultuuromslag van jewelste. Maak afspraken over wat men in ieder geval niet meer zal doen. Straf het hard af als men het daarna toch weer doet. Beter nog, beloon het als men juist wél doet, wat men zegt. En beloon dus vooral ook als mensen 'nee' durven zeggen. Want daar zit vast de 'culturele' crux: dát werd in het verleden afgestraft.

Cultuurveranderingen beginnen, zodra je eraan begint. En als je dat goed doet, kunnen ze heel snel gaan. Zeg dus nooit, dat je er vijf jaar voor neemt. Beter excuus om de verandering voor je uit te schuiven is er niet. De derde fout: een blunder! Je kunt *direct* beginnen om mensen, die met elkaar werken, te laten afspreken dat ze vanaf nu heldere afspraken met elkaar zullen gaan maken: 'ja' of 'nee'. En ook dat ze zich eraan zullen houden en elkaar zullen aanspreken als dat ze dat niet doen. Natuurlijk, dat is niet gemakkelijk. Eerst zullen nog heel wat voorbeelden, casus en incidenten moeten worden uitgewisseld om gezamenlijk inzicht te krijgen in het spel, het vluchtgedrag, de irritaties, teleurstelling, angst, de trucs, de motieven. Kans dus op verwijt, ruzie, conflict, gedoe. Maar daarna kan het ook ineens heel snel gaan.

Wat houdt ons tegen?

In een bedrijf is de kwaliteit van de dienstverlening onvoldoende, de samenwerking lijdt onder hokjesgeest en er kan flexibeler en klantgerichter worden gewerkt. In een traject om de kwaliteit en de cultuur van de organisatie te verbeteren zijn 25 deelnemers uit verschillende disciplines, voorvechters van veranderingen en sceptici, bijeen voor de startconferentie. De eerste vraag voor de bijeenkomst is: Hoe willen we dat de organisatie er over vijf jaar uitziet. Al pratend, tekenend, filmpjes makend en acterend ontstaat een beeld van de gewenste organisatie, vooral van het gewenste gedrag in die organisatie. Het blijkt niet moeilijk om samen een beeld te vormen van waar men samen naar toe wil. En dat blijkt zelden het probleem: over de gewenste situatie is men het meestal snel eens. Dat is dus niet de crux.

De volgende vraag is derhalve: wat houdt ons tegen? Wat belemmert ons te realiseren, wat we graag willen? Het blijkt veel lastiger om precies het bijbehorende gewenste gedrag te benoemen en vooral om het gewoon te doen. Sommige hindernissen zijn inhoudelijk: problemen die opgelost moeten worden. Andere gaan over interacties en relaties: oud zeer, muurtjes tussen afdelingen, gebrek aan vertrouwen in de leiding of in elkaar. Die maken dat er anders gedaan wordt, dan we allemaal weten dat goed zou zijn. De wijze waarop tijdens de conferentie wordt samengewerkt en gecommuniceerd is meestal een parallelproces van wat zich in de organisatie afspeelt. Hiermee wordt veel duidelijk over de onderliggende normen en waarden – noem het cultuur – en wat daarin functioneel of juist disfunctioneel is. Over wat moet veranderen en wat juist behouden moet blijven.

9. *De verandering is het doel*

'Een goed doel is het halve werk.' 'Zonder doel vaart niemand wel.' 'Een schipper die geen doel heeft, zal steeds maar klagen dat de wind uit de verkeerde richting komt.' Het zijn allemaal slogans die het in de managementwereld goed doen. Een van de meest succesvolle managementboeken heet zelfs kortweg *Het doel*. Alsof het hebben van succes afhangt van het hebben van een doel.

Het SMART*elijke denken*

Een van de populairste managementcursussen is die in resultaatverantwoordelijk managen. Hierin leer je om doelen te formuleren in termen van heldere, meetbare, enzovoorts (SMARTE) resultaten. Zodat het duidelijk is waar je als manager op wordt afgerekend. Het systeem is helemaal rond als je hierover vooraf met elkaar een managementcontract sluit. Eerst de manager met zijn mensen en vervolgens met zijn eigen manager. Dit denken heeft in het bedrijfsleven vaste voet aan de grond gekregen en wordt inmiddels ook steeds meer toegepast in de non-profitsector. Zelfs politici praten steeds vaker in dit soort termen over hun werk.

Het probleem van dit 'SMARTE' denken is dat het dodelijk is voor de lust tot veranderen en experimenteren. Want je hebt dan kans op gedoe en een goede afloop is niet zeker. Het drijft mensen tot vasthouden aan de beproefde methodes waarvan met de grootst mogelijk zekerheid de afgesproken resultaten te voorspellen zijn.

Anders van hetzelfde

Een succesvolle verandering voldoet volgens Hewitt, een van de meest geciteerde auteurs op het gebied van verandermanagement, aan vier condities:

- Een gezamenlijk gevoelde noodzaak of druk om de huidige situatie te veranderen; zo niet, dan blijft het bij plannen die in de la verdwijnen
- Een helder en gedeeld beeld van de gewenste situatie; zo niet, dan wordt het na de start een stuurloos dobberen
- Het vermogen om te veranderen; zo niet, dan verzandt het in frustratie
- Een concreet volgordelijk stappenplan; zo niet, dan worden het toevallige, ongecoördineerde pogingen.

Op zich is er niets mis met deze kijk op verandermanagement, mits je maar beseft dat *de wijze van organiseren en managen er niet door verandert.* Integendeel. Het is juist een perfecte verwoording van de klassieke opvattingen over het organiseren en managen van operaties of klussen, maar dan toegepast op veranderingsprojecten. Veranderen wordt teruggebracht tot een gewone managementklus met als hoofddoel: beheersen.

Ook de verandering wordt 'gesMART'. Geen gedoe. *Anders van hetzelfde.*

Echte verandering is niet SMART

Helaas, het probleem is, dat je van veel veranderingen niet meer vooraf kunt zeggen waartoe ze zullen leiden. En helemaal niet van ingrijpende, diepgaande veranderingen. Voor de normale, lopende operaties waarvan de aanpak is beproefd, lukt dat meestal nog wel. Als je die goed organiseert weet je tamelijk nauwkeurig wat er uit zal komen. Hetzelfde geldt voor het aanpassen en bijsturen van die operaties. Dan is de SMARTe aanpak geen slecht idee. Maar van nieuwe processen weet je niet meer wat die zullen opleveren. Dat is nou juist het kenmerk van het nieuwe. In het bijzonder geldt dat voor die processen, die lerend worden opgezet. Niet alleen de uitkomsten zijn moeilijk te voorspellen, tijdens de rit verandert ook nog eens het proces, de aanpak.

We hebben het hier over die al eerder genoemde processen, waarin mensen in interactie met elkaar doen, bezinnen, denken en beslissen hoe ze het de volgende keer zullen doen. Cyclische processen, waarbij al werkend wordt geleerd en veran-

derd. Interactieprocessen tussen mensen van het eigen bedrijf, maar ook met mensen van buiten: leveranciers, klanten. Voor dit soort processen is het funest als je vasthoudt aan heldere doelstellingen. Dat werkt alleen maar remmend en frustrerend. Waar het om gaat is dat je dan een aanpak krijgt waarin *alleen de eerstvolgende stap* bekend is. En waarin de uitkomst van die stap bepalend is voor de stap die daarna komt. Neem het als een gegeven dat niet vooraf voorspelbaar is hoe processen zullen lopen, noch welke resultaten eruit zullen komen. Probeer juist de geheel andere dynamiek van dit soort processen te snappen, om vandaar uit te leren welke wijzen en methoden van managen adequaat zijn. En vertrouw erop dat goede mensen, als het proces goed is, tot een goed resultaat komen. Ook al is het een ander resultaat dan jou voor ogen stond.

De reis is het doel

In eerdere boeken hebben we onderscheid gemaakt tussen twee hoofdstrategieën van veranderen: *reizen* en *trekken.*

De metafoor voor de klassieke wijze van veranderen is *reizen.* Het doel van de reis is de bestemming. De bestemming staat vast en is helder. Daarom kan de reis ook precies vooraf worden uitgestippeld. De reis zelf is een noodzakelijk kwaad, een zo kort mogelijke, vervelende onderbreking, maar als we er zijn is het weer normaal zoals het was. Beter zelfs. De metafoor voor lerend veranderen is *trekken.* Bij trekken is er geen doel in termen van een bestemming. Die spreken de trekkers per dag of per stap met elkaar af. Wat hen bindt is een gedeelde ambitie, bijvoorbeeld mooi weer of vreemde volken meemaken.

De managementliteratuur over hoe je kunt trekken is nog gering en komt vooral uit de hoek van de lerende organisatie. De oogst aan methodes en technieken is nog schraal. Maar de metafoor maakt wel de essentie helder. Trekken doe je met mensen die iets *willen,* die hun ambitie in voldoende mate met elkaar delen en voldoende vertrouwen in elkaars *kunnen* hebben om met elkaar op stap te *durven* gaan. Dat is de eerste stap: het met elkaar uitwisselen van wat je wilt, durft en kunt en op basis daarvan een verbinding aangaan. Ook hier kun je een contract over afsluiten: een *psychologisch contract.* Dat contract gaat niet over de uitkomst, maar over de aanpak. Over hoe je met elkaar zult omgaan, zult samenwerken, elkaar zult helpen, van en met elkaar wilt leren.

☞ Een echt veranderingsproces heeft alleen maar een begin.

Het Nederlands elftal (2)

Als je het 'SMART' bekijkt, is er nooit een beter elftal geweest dan dat van Dick Advocaat. Hij heeft volledig waargemaakt, wat hij in zijn resultaatovereenkomst had afgesproken. Zijn opvolger, Marco van Basten, heeft beloofd het spel en de spelers ingrijpend te zullen veranderen. Maar hij zegt er tegelijkertijd bij dat ze hem niet op resultaten moeten vastpinnen.

De start van een organisatieverandering: processen door elkaar

Een organisatieverandering kan pas stqarten, als je die met elkaar hebt besproken, en hebt afgesproken. Daarom: start een verandering met een startconferentie. Het bespaart je heel wat 'cultuurveranderingscursussen'. Vooraf moet aan het volgende zijn voldaan: je weet wie de betrokkenen zijn, je vertrouwt je mensen en – ondanks het gedoe – is het sociale systeem redelijk gezond. Er is een eerste diagnose van het probleem en ook een globale richting voor de verandering. Breng dan alle betrokkenen enkele dagen (of in ieder geval nachten) bij elkaar om met elkaar het probleem te bespreken, wat we anders moeten gaan doen – de verandering – en hoe we de verandering gaan aanpakken – de veranderingsstrategie. Vervolgens wie dan wanneer wat gaat(n) doen – het actieplan. En tot slot wat er uit de wereld moet om aan de slag te kunnen – het gedoe.

In een startconferentie lopen allerlei processen door elkaar. Dat maakt dat de uitkomst ook nooit helemaal is te voorspellen. Maar zeker is dat het van elkaar isoleren en daarmee beheersen van die processen in ieder geval nooit lukt.

- *Schoonmaakprocessen* Dit boek gaat over schoonmaakprocessen. Het uit de wereld helpen van gedoe: al het (oude en recente) stof dat zich genesteld heeft in de onderlinge relaties. Het is verstandig om die als eerste en zo snel mogelijk schoon te poetsen. Zo nodig wordt de eerste bijeenkomst helemaal hieraan besteed.
- *Rouwprocessen* In de eerste hoofdstukken spraken we al over processen die te maken hebben met het willen vluchten voor het probleem: rouwprocessen. De pijn van het moeten loslaten en de angst voor het niet aan kunnen van het nieuwe. Dat uit zich in achtereenvolgens ontkenning, woede, verwijten, marchanderen en apathie. Fasen waar men doorheen moet alvorens nieuwe perspectieven te zien.
- *Leerprocessen* De eveneens al eerder genoemde processen van doen ➠ bezinnen ➠ denken ➠ beslissen ➠ doen en opnieuw bezinnen. Want dat is leren, en dus veranderen.
- *Groepsontwikkelingsprocessen* Dit soort processen is vooral aan de orde als teams door of bij elkaar worden gegooid; dus bij het herordenen, splitsen of bij elkaar voegen van groepen. De nieuwe teams, groepen of afdelingen die daardoor ontstaan zullen eerst weer door een teambuildingsproces heen moeten, waarbij opnieuw de essentiële vragen moeten worden opgelost: wie horen erbij en waarom, wie hebben het hier waarover voor het zeggen, hoe open en intiem mag je met elkaar zijn.

Pas als deze processen op een of andere manier en meestal dwars door elkaar heen, goed op gang of doorlopen zijn, kun je met elkaar aan de slag. Aan het veranderen. Maar dan gaat het vaak razendsnel. Dan wordt zo'n conferentie het begin van een gezamenlijke trektocht. (Overzicht ontleend aan Wierdsma en Swieringa: *Lerend veranderen*)

Relaties en betekenissen

Enkele jaren geleden woonde ik (JS) de rouwmis voor een goede kennis bij. Toen voor de eerste keer tijdens de mis een bel klonk, bleek dat mensen van uiteenlopende gezindten aanwezig waren. Een deel van de aanwezigen ging staan, een ander deel knielde en de rest bleef zitten. Vakidioot als ik ben, besefte ik onmiddellijk dat dit de problematiek van een fusie is. Je ziet wat er gebeurt, maar je weet toch niet hoe te reageren en daarom geeft het een onprettig gevoel. Bij de tweede bel bleef daarom vrijwel iedereen zitten. Dat was de meest 'beschaafde' manier om met het probleem om te gaan. Je had ook kunnen gaan bedisselen, regelen, commanderen, maar daarvoor leende context noch probleem zich.

Het gevaar bij een fusie doet zich juist voor op het moment waarop de tweede bel gaat en iedereen blijft zitten. Er gebeurt niets meer. Zou je willen voorkomen dat dit opnieuw gebeurt, dan zul je aan elkaar moeten uitleggen wat voor jou in een dergelijke context een bel betekent. De meesten zullen daar een heel verhaal bij hebben en door het uitwisselen van deze betekenissen ontwikkelen zich relaties. En relaties, zo heeft iemand ze ooit gedefinieerd, zijn ontmoetingen van geschiedenissen. Als dat gebeurt, kan men met elkaar een afspraak maken over wat voortaan te doen met de bel. Pas dan is er een nieuwe organisatie ontstaan.

De tweede bel

Twee bedrijven fuseerden. Een jaar na de feitelijke fusie werden we gevraagd een startconferentie te leiden van de nieuw gevormde ICT-afdeling. Er was in de business case flink en ook vaak moeizaam gediscussieerd, onder meer over de te kiezen systemen. Nu men daar uit was, konden de afdelingen worden samengevoegd en werd het tijd te gaan samenwerken. We openden met de vraag: 'Hoe heb je de fusie en het afgelopen jaar beleefd?' Al snel luisterden ze met bijna open mond naar ieders ervaringen, opvattingen en gevoelens rondom de fusie. Alleen al het gevoel overgenomen te zijn respectievelijk over te nemen, had de relaties tussen de partijen in hun beleving ongelijk gemaakt. Hierdoor was een wij–zij gevoel ontstaan en een stramien van aanvallen en verdedigen. Onwetendheid en onbegrip voor elkaars situatie en achtergrond hadden tot heftige strijd op inhoudelijke vraagstukken geleid. Systemen waren bevochten, alleen maar omdat ze uit het eigen kamp kwamen en niet omdat ze voor de nieuwe combinatie de beste optie waren. De gevoelens en ervaringen over de fusie werden in de inhoudelijke arena uitgespeeld. Zelfs het conferentieoord was een jaar na de fusie nog op de oude naam geboekt. 'Dit was de tweede bel,' constateerde een van de deelnemers. Nadat de beelden uitgewisseld waren, het fusieleed was uitgepraat en de relaties daarmee waren gelegd of hersteld, bleken inhoudelijke beslissingen gemakkelijker te nemen. Sterker nog, een fors aantal beslissingen werd volledig, en met gemak, teruggedraaid.

10. *Goed veranderen is jezelf worden*

Iedereen kent die plaatjes, beelden en grafieken die illustreren hoeveel er juist nu verandert en hoe snel. In één dag nú verandert er meer dan vijftig jaar geleden in een heel jaar, en dan een eeuw geleden in een hele eeuw; en daarvoor stond de tijd welhaast stil. Over vijf jaar maken de grote industriële bedrijven voor 80 procent producten waarvan ze nu nog niet weten welke dat zijn. Een computer die veertig jaar geleden een kamer van 4 × 4 meter in beslag nam, gaat nu op een plaatje van 1 × 1 mm. Nu stop je 40 miljoen transistors op een schijfje van 10 cm. Is er nog iets hetzelfde?

Wat is er blijvend?

Er verandert heel veel en zeer snel. De grote en snelle veranderingen verlokken tot oneliners als: 'Het enige wat blijft is de verandering', 'Wat zeker is, is dat niets zeker is', 'Verandering is de regel', inclusief de meer cynische zoals 'Waarom zou je veranderen als je het toch niet bij kunt bijbenen?' De filosoof Arnold Cornelissen heeft op een geniale manier samengevat wat er aan de hand is door in de titel van zijn laatste boek de boel om te draaien. Hij noemde het *De vertraagde tijd.* De veelheid en vooral snelheid van veranderen is ook de voedingsbodem van de theorieën over lerend organiseren. Al die theorieën hebben gemeen dat ze zoeken naar organisaties met als kernbekwaamheid de kunst om zich voortdurend, als vanzelfsprekend, te verbeteren, te vernieuwen en te ontwikkelen. Kortom, organisaties, die in staat zijn te leren leren. Het essentiële verschil met de klassieke organisatietheorieën is dat je bij lerend organiseren het idee opgeeft dat je de toekomst kunt voorspellen, laat staan kunt plannen en al helemaal niet kunt beheersen.

Maar, bij alle veranderingen is er ook veel dat blijft wat het was. Nog steeds is Nederland een open land, de Rabobank een relatiebank, het ministerie van OCW een bureaucratie en Philips een bedrijf van vechtersbazen. De verschillen tussen Rabo en ABN Amro, tussen het Openbaar Ministerie en het ministerie van Justitie, en tussen Ajax en Feyenoord zijn nog precies hetzelfde als dertig jaar geleden. En hoeveel je zelf ook veranderd bent, de kans is groot dat mensen jaren later uitroepen: 'Je bent nog precies dezelfde!' Ook hierover bestaan de nodige spreekwoorden en oneliners, tot en met de wijsheid van de Prediker: 'Er is niets nieuws onder de zon'. Dat is ook niet toevallig de titel van het boek van Peters en Wetzel, met als veelzeggende subtitel *Strategie uit chaos.* Kortom, het is onzin om te stellen dat niets blijvend is. Zo'n slagzin lijkt te worden gebruikt omdat de verandering anders kennelijk niet te legitimeren is. Wij behandelen deze 'managementwijsheid' hier, omdat wij er steeds meer achter komen, dat de kunst van het permanent veranderen vereist om heel helder te hebben wat moet blijven. Veranderen geeft gedoe. Wellicht de beste manier om houvast te bieden bij dat gedoe, is te weten wat je niet wilt veranderen.

De spanning tussen continuïteit en verandering

Het managen van de spanning tussen continuïteit en verandering is misschien wel het moeilijkste managementvraagstuk. De normale, primaire bedrijfsprocessen moeten, als het enigszins kan, gewoon doorgaan. Want daar verdien je tenslotte je brood mee. Maar als je ze niet aanpast of geen nieuwe processen ontwikkelt, heb je straks geen brood meer. Veel bedrijven, vooral de grotere bureaucratische bedrijven en vooral overheidsorganisaties, maken van dit vraagstuk een dilemma, waarin of–of- en alles-of-niets-beslissingen moeten worden genomen. Is eenmaal besloten tot verandering, dan is iedereen daar ook de hele tijd mee bezig en moeten klanten of burgers maar even wachten tot de reorganisatie af is. Het is kennelijk óf veranderen óf het gewone proces laten draaien. En dan moet het ook nog eens grondig: van boven af, integraal, structureel, organisatiebreed. Vaak draait het er juist daarom op uit dat er nauwelijks iets verandert of dat het kind met het badwater wordt weggegooid.

Organisatieverandering gaat om *gedrags*verandering: om het tijdig anders aanpakken van de dingen of aanpakken van andere dingen. Voor vrijwel elk bedrijf zal dat steeds vaker en steeds sneller aan de orde zijn. Van levensbelang wordt dan het vermogen om die veranderingen aan te pakken, terwijl het primaire proces gewoon doordraait. De continuïteit hangt daarvan af. Maar hoe beter je hier in wordt, des te meer veranderen gewoon wordt. Verbeteren, vernieuwen en leren worden onderdeel van het normale werk. Veranderingsprocessen horen tot het normale primaire proces. De kunst van managen wordt dan veeleer de boel bij elkaar houden, versnippering voorkomen, gefocust blijven, te snelle veranderingen voorkomen en zorgen dat mensen het bij kunnen benen.

Veranderen en jezelf blijven

De kunst is veranderen *en* jezelf blijven. Vergelijk het opnieuw met een persoon. Gedrag komt voor een deel voort uit de omgeving en voor een ander deel uit iemands persoonlijkheid. Daaronder ligt nog iets diepers, dat we de ziel, de essentie of wat dan ook noemen, dat iemands onveranderlijke eigenheid vormt; de identiteit. Iemands gedrag en zelfs persoonlijkheid kunnen in de loop der jaren veranderen, terwijl hij toch dezelfde blijft. Je kunt zelfs zeggen dat naarmate iemand zichzelf beter kent, hij daardoor gemakkelijker en sneller in staat is te veranderen. En omgekeerd, dat verandering juist nodig is om jezelf te blijven of te worden. Niet voor niets noemen we dat *ontwikkelen.* Ontwikkelen is de wikkel eraf halen. Voor bedrijven geldt iets soortgelijks. Er is organisatiegedrag en organisatie-identiteit. Het gedrag verandert voortdurend, steeds vaker en steeds sneller. Hoe meer dat van een organisatie wordt verlangd, des te belangrijker is het dat ze weet wat ze wil behouden; wat haar eigen identiteit is. Tegelijkertijd zal ze zich voortdurend moeten blijven verbeteren, vernieuwen en ontwikkelen om die identiteit te behouden.

Tegenwoordig is in managementkringen het woord 'missie' beladen. Begrijpelijk, want er is met dat begrip behoorlijk verkeerd omgesprongen. Zo zijn er missies die zo uitgebreid opsommen wat het bedrijf allemaal wel en niet doet, dat duidelijk is dat ze het resultaat zijn van een gevecht tussen managers om aandacht voor de eigen toko. Of missies die vooral opsommen wat we allemaal nog moeten worden, waardoor het eigenlijk zwakteanalyses zijn. Steeds meer heeft het formuleren van een missie dezelfde functie gekregen als het formuleren van doelen. De missie als middel om de toekomst te kunnen maken of op zijn minst te beheersen. Onlangs verscheen zelfs een artikel over het SMART maken van de missie, opdat het management op het behalen ervan zou kunnen worden afgerekend.

Terug naar de missie

Wij pleiten voor eerherstel van de missie. Juist als een bedrijf voortdurend in verandering is, heeft het een heldere missie nodig. Een missie die kort en krachtig de identiteit van het bedrijf verwoordt, te weten waartoe het op aarde is – *kern-opdracht* – en waar het voor staat – *kernwaarden.* Geen missie die aangeeft wat er allemaal moet worden gedaan, bereikt of veranderd. Dat weten we nou juist niet. Maar een missie die aangeeft wat in alle nog komende veranderingen onveranderd blijft. Ook zo'n missie heeft wel degelijk een richtinggevende functie. Juist in tijden van gedoe, van verwarring, van besluiteloosheid of crisis, wanneer men zich afvraagt waar we 'in godsnaam mee bezig zijn', kan het helder formuleren van de missie een hoop veranderingen in gang zetten.

☞ Een missie geeft niet aan waar we naar toe moeten, maar wel of we afdwalen.

C en A

'We hebben het fout gedaan' en 'We kiezen weer voor betaalbare kwaliteitskleding voor het hele gezin' bekenden Brenninkmeijer en Bezemer, directeuren van C&A, in een openhartig interview in FEM *Business.* In de tweede helft van de jaren negentig stonden de etalages en commercials van C&A vol met hippe kinderen, 'vette' tieners, kekke moeders, gekleed in modieuze shirts, pakken, rokken, broeken. C&A wilde meetellen in de voorste gelederen van de modebranche en investeerde in veel nieuwe eigen merken, aan de 'mens' gebracht met moderne marketingmiddelen, eigentijdse reclame en muzikale *events.* En vervreemdde zich daarmee kennelijk in zeer korte tijd van de vaste klanten. Ze waren even vergeten zichzelf te blijven.

Visie

In het midden van de jaren negentig van de vorige eeuw schreven Collins en Porras het boek *Built to Last.* Hoewel zij het toen nog niet zo scherp durfden te stellen, was de kern van hun boodschap toen al dat een goede visie geen betrekking heeft op al het nieuwe wat de toekomst zal brengen, maar op datgene wat ook in de toekomst nog zal bestaan. Geïnspireerd door hun boek hebben wij de volgende opvatting over het begrip visie ontwikkeld: de visie van een organisatie bestaat uit drie elementen:

- ***De kernopdracht*** Waartoe is de organisatie op aarde. Deze kernopdracht formuleert de zin van het bestaan van het bedrijf. De kernopdracht is altijd in één pakkende, mooie volzin te vatten die iedere betrokkene zonder enige moeite weet te declameren Een echt goed geformuleerde kernopdracht gaat mee zolang het bedrijf bestaat. Heeft de kernopdracht zijn zin verloren, dan geldt dat ook voor het bedrijf. Als herformulering van de kernopdracht nodig is, is het bedrijf, op zijn minst, in crisis.

- *De kernwaarden* Dit zijn de principes van waaruit men het bedrijf te allen tijde, in goede en in slechte dagen, ter verantwoording mag roepen voor haar gedrag. Deze kernwaarden staan niet voor altijd vast, maar zijn onderhevig aan de drijvende krachten die zich voordoen in de samenleving. Hun functie is niet om veranderingen op gang te brengen of te bevorderen, maar om ze kritisch op hun waarde te schatten, om te modieuze slingerbewegingen te voorkomen en vooral om betrouwbaar en voorspelbaar te blijven in gedrag.
- *De droom* Kernopdracht en kernwaarden vormen samen de kernideologie die de mensen, in elk geval de elite, van het bedrijf delen. Zodanig dat ze in staat zijn om samen hardop te dromen over een groots, prachtig, uitdagend doel, dat weliswaar nooit zal worden bereikt, maar wel de leden van het bedrijf op een dieperliggend – emotioneel en spiritueel niveau – bindt en boeit.

De visieconferentie

Visieconferenties hoeven geen vervelende, politieke of beheersmatige, bijeenkomsten te zijn, bedoeld om een paginalange *mission statement* te formuleren. Integendeel, juist visieconferenties kunnen meer dan elke andere soort conferentie uiterst boeiend, bindend, inspirerend en energiegevend zijn. Het is een ontmoeting van mensen op alle niveaus: cognitief en affectief, inhoudelijk en procesmatig, collectief en individueel, filosofisch en praktisch. Als ze goed zijn, blijkt dat uit de uitkomst. Juist dan levert die een volzin op waarin alle aspecten van de visie zijn verwoord. Zoals:

- Wij willen de waarde van afval verhogen door er zoveel mogelijk energie uit te halen (afvalverwerkingsbedrijf)
- Wij willen ervoor zorgen dat zo weinig mogelijk burgers zich genoodzaakt zien een beroep te doen op de door ons te verstrekken uitkeringen (gemeentelijke sociale dienst)

- Wij maken voor de gewone man het ongewone bereikbaar (postorderbedrijf).

Vaak zijn visieconferenties juist aan de orde als het niet meer zo goed gaat en het maar moeilijk is uit te maken waar het probleem zit. Als er onderhuids gedoe is, niet heftig, evident en direct aanwijsbaar, maar sluimerend, langdurig en telkens terugkerend. Juist als de neiging ontstaat er toch maar weer een hogere exponent van 'meer van hetzelfde' tegenaan te gooien, moet je als management het lef hebben de tijd uit te trekken voor een discussie over de visie. Dat kost tijd, minstens twee dagen. Het verrassende is dat als het in die twee dagen lukt, er daarna met gemak heel veel operationele besluiten worden genomen. En de eerste besluiten gaan zelden over wat we voor nieuws moeten gaan aanpakken, maar bijna altijd over waar we als bedrijf vanaf willen: wat we *niet* meer gaan doen.

Het einde van de klassieke organisatie

De klassieke organisatie, waarnaar we in dit boek steeds verwijzen en die de uitkomst is van het nog steeds dominerende klassieke management- en organisatieparadigma, is te portretteren met twee metaforen: de piramide-metafoor en de machine-metafoor. De eerste heeft haar wortels in de feodaliteit; de tweede in de moderniteit.

Het beeld van de piramide verwijst naar de hiërarchische ordening van mensen op basis van de mate waarin zij macht en inzicht hebben in de organisatie. De hogeren hebben de zeggenschap over het gedrag van de lageren. Besluitvorming ontrolt zich topdown: boven wordt beslist, onder wordt gedaan, en de middenlagen zorgen voor de verbinding tussen boven en beneden. Het beeld van de piramide benadrukt niet alleen de verticale verschillen, maar ook de horizontale gelijkheid. Mensen op eenzelfde hoogte hebben dezelfde positie en status met bij behorende rechten en plichten. Iedereen die ooit geprobeerd heeft een 'hark' te tekenen weet hoe nauw dit luistert.

Het beeld van de organisatie als machine komt uit het *scientific management.* De essentie van dit gedachtegoed bestaat uit het scheiden van denken en doen. Niet alleen wordt analytisch onderscheid gemaakt tussen denken en doen, ook organisatorisch wordt onderscheid gemaakt tussen mensen die denken en mensen die doen: staf en lijn; zij die bedenken en zij die handelen, zij die ontwerpen en zij die maken, zij die oplossen en zij die uitvoeren.

Kenmerkend voor alle grote hedendaagse bureaucratieën is dat de scheiding tussen denken en doen, dat hoort bij het beeld van de machine, is ingepast in het piramidale beeld. Er is niet alleen een scheiding tussen denken en doen, maar bovendien is er een hiërarchische verhouding tussen beiden: denken gaat niet alleen voor, maar ook boven doen. De klassieke organisaties zijn ontworpen, als waren ook de mensen machines. Machines, die het werk doen, worden onderhouden, aangepast en vernieuwd door de ingenieurs. De machines doen wat de ingenieurs hebben bedacht. Dat beeld van de machine is ingepast in dat van de piramide.

Deze scheiding heeft ons geen windeieren gelegd. Integendeel we hebben er voor een belangrijk deel onze welvaart aan te danken. Het ging de ingenieurs erom de machines steeds soepeler te laten draaien: efficiëntie. Door het steeds verder rationaliseren van de menselijke arbeidskracht werd het mogelijk om eerst menselijke arbeid te mechaniseren, vervolgens te automatiseren en weer later te robotiseren. Door de doeners als machines te benaderen konden ze ten slotte door machines worden vervangen.

Maar daarmee is tegelijkertijd de klassieke organisatie aan het eind van haar levenscyclus gekomen.

Met dank aan...

Voor het maken van dit boek hebben we geput uit diverse bronnen. De belangrijkste inspiratie zijn de mensen in de organisaties, waarvoor wij als adviseur hebben gewerkt. Daarom zijn we ook in de allereerste plaats dank verschuldigd aan onze klanten. Zij ook zijn het, die ons op het idee hebben gebracht om al die relationele problematiek, waarvoor in de literatuur zoveel ingewikkelde woorden worden gebezigd, te vatten in de term gedoe. Wat hebben we mooie dingen gedaan, wat hebben we getobd; soms was het zo moeilijk en soms zo'n groot feest. Bedankt, bestuurders, directeuren, managers en medewerkers. Wellicht komen de in dit boek beschreven situaties, voorvallen en cases u bekend voor!

Ook de gedachtewisselingen met managers in opleidingsprogramma's van onder meer Universiteit Nyenrode, Managementcentrum De Baak en Business School Nederland hebben hun weg gevonden naar dit boek. Die discussies hebben geholpen om ideeën te toetsen en te ordenen. En dan natuurlijk de literatuur. We zijn ons er terdege van bewust dat veel van wat we in dit boek hebben geschreven al eens eerder is verwoord. Vele auteurs hebben door het vastleggen van hun ideeën en ervaringen bijgedragen aan ons gedachtegoed en daarmee aan ons boek. Waar welk idee precies geboren is, is niet meer terug te halen, aangezien het idee om een boek te schrijven niet door lezen is ontstaan. Vandaar dat we in de literatuurlijst alleen die boeken hebben vermeld, die expliciet in de tekst zijn genoemd.

Ten slotte dank aan al die collega's en vakgenoten met wie we voortdurend van gedachten wisselen en discussiëren op congressen, in seminars en tijdens etentjes, via e-mail, artikelen, essays, enzovoort.

Graag willen we diegenen die met hun opmerkingen, suggesties op invallen direct hebben bijgedragen aan het verbeteren of aanscherpen van teksten en formuleringen met name noemen. Rob Fijlstra en Harry Wullings, Birgitte van der Kleij, Hans Jansen, Herman Wittockx, André Wierdsma, Tineke Bahlmann, Siebrand van der Ploeg. En natuurlijk onze uitgever, Hans Ritman.

Maar de meeste dank gaat naar Paula Swieringa. Dankzij haar inbreng kwam het schrijven op gang en ontstond het gevoel dat de tot dan toe geschreven teksten inderdaad een boek zouden kunnen worden.

Joop Swieringa
Jacqueline Jansen

Over de auteurs

Dr. Joop Swieringa is van huis uit econoom en werkte als zodanig tot 1978 in de gezondheidszorg. Zijn inzichten over lerend veranderen begon hij te ontwikkelen in de periode dat hij docent organisatekunde was bij de Universiteit Nyenrode en aldaar incompany-management-dvelopmentprogramma's ontwikkelde bij het Executive Management Development Centre. Schreef samen met André Wierdsma *Op weg naar een lerende organisatie* (1991). Dit boek werd in 2002 geheel herzien en uitgegeven onder de titel *Lerend organiseren; als meer van hetzelfde niet helpt.*

Richtte in 1989 met Hans Mak Veghtconsult op, een organisatie-adviesbureau in 'lerend veranderen'. Schreef in 1996 samen met Bianca Elmers het boek *In plaats van reorganiseren*, een praktische uitwerking van dit concept.

Is sinds 1996 zelfstandig. Werkt in uiteenlopende branches: industrie, agrarische sector, financiële dienstverlening, ICT, welzijn, overheid. Is daarnaast een veelgevraagd (gast) docent bij onder meer Nyenrode, De Baak en Business School Nederland. Wordt er nog steeds door gefascineerd dat mensen in organisaties zo vaak samen dingen beslissen, die geen van allen wil.

Drs. Jacqueline Jansen studeerde klinische en organisatiepsychologie en behaalde een MBA bij Nyenrode (1988). Als organisatie- en informatievoorzieningsadviseur werkzaam bij de Koninklijke Marine van 1985 tot 1989 en vervolgens als HR manager en Secretaris der Directie bij tv facilitair bedrijf de Cinevideogroep. In 1995 gevestigd als zelfstandig adviseur.

Lerend veranderen is de kern van de veranderingsaanpak, die ze voorstaat. Hoe blijf je als manager uit de valkuil van reorganiseren en hoe breng je in plaats daarvan daadwerkelijke verandering in teams, samenwerkingsverbanden en -relaties? Organisatiestructuur en -cultuur, leiderschap, teamontwikkeling en samenwerking, visie- en missieontwikkeling behoren tot haar activiteiten. Zij is werkzaam in uiteenlopende branches, zoals industrie, financiële dienstverlening, ICT, overheid, kinderopvang. Naast advieswerk houdt zij zich bezig met persoonlijke ontwikkeling, training en coaching.

Veranderen fascineert haar in al haar gedaanten, individueel en collectief. De vraag blijft boeien waarom het de ene keer als vanzelf gaat en een andere keer alsof je in de stroop vastzit, wat je ook doet.

Literatuurlijst

In deze lijst zijn uitsluitend de boeken opgenomen, die expliciet in de tekst zijn vermeld. Het aantal boeken waardoor we ons hebben laten inspireren is aanmerkelijk groter.

Argyris, C. (1992). *On organizational learning.* Oxford, Blackwell Business.

Bolte, G. (2003). *Managementblunders.* Utrecht, Het Spectrum.

Collins, J.C. en Porras, J.I. (1994). *Built to Last: Successful Habits of Visionary Companies.* New York: Harper Business.

Cornelis, A. (1999). *De vertraagde tijd.* Middelburg: Stichting Essence.

Harvey, J.B. (1988). *The Abilene Paradox.* San Francisco: Jossey Bass.

Kolb, D.D. (1984). *Experiential learning.* New York: Prentice Hall.

Mastenbroek, W. (2004). *Verandermanagement.* Heemstede: Holland Business Publications.

Owen, H.H. (1997). *Open Space Technology.* San Francisco, Berrett-Koehler .

Peters, J. en Wetzels, R. (2003). Er is niets nieuws onder de zon. Strategie uit chaos. Amsterdam: Business Contact.

Schrijvers, J.P.M. (2002). *Hoe word ik een rat: de kunst van het konkelen en samenzweren.* Schiedam: Scriptum.

Swieringa, J. en Elmers, B. (1996). *In plaats van reorganiseren.* Groningen: Wolters-Noordhoff.

Wierdsma A.F.M. en Swieringa, J. (2002). *Lerend organiseren: als meer van hetzelfde niet helpt.* Groningen: Stenfert Kroese.